HEINER SCHAEFER

BRASILFLASCHL UND TABAKBÜCHSL

SCHNUPFTABAKGLÄSER AUS VIER JAHRHUNDERTEN

HEINER SCHAEFER

Brasilflaschl und Tabakbüchsl

SCHNUPFTABAKGLÄSER AUS
VIER JAHRHUNDERTEN

2. Auflage

VERLAG MORSAK GRAFENAU

2. Auflage 1982

© 1978 by Verlag Morsak, 8352 Grafenau
Alle Rechte vorbehalten.
Nachdruck, auch auszugsweise, nur mit Genehmigung des Verlages.
Satz, Lithoherstellung, Druck und Bindung:
Buch- und Offsetdruckerei Morsak oHG, 8352 Grafenau
ISBN 3 87553 177 9

MEINER LIEBEN FRAU

Inhalt

ANHANG

ZUM GELEIT

Glas ist seit Jahrhunderten neben Holz und Stein eines der wesentlichen Elemente für die Existenzgrundlage der Bewohner des Bayerischen Waldes. Wenn in unserer Zeit der Fremdenverkehr als weitere Haupterwerbsquelle hinzu gekommen ist, so bewirkte gerade dieser neue Wirtschaftszweig gesteigertes Interesse am „Waldglas". Ob Weinkelche, Trinkflaschen, Kerzenleuchter, Bierkrüge oder Brasilflaschl – all diese Gläser, von der heimischen Bevölkerung als Gebrauchsgegenstände geschätzt und geliebt, sind begehrtes Souvenir geworden.

Heiner Schaefer macht mit seinem Buch „Brasilflaschl und Tabakbüchsl" dem Schnupftabakglas eine schöne Liebeserklärung, die sicherlich diesem besonders liebenswerten Erzeugnis des volkskünstlerischen Schaffens der heimischen Glaskunst einen neuen Freundeskreis erschließen wird. Der Verfasser bettet die Geschichte der „Schmalzlerglasl, Brasilflaschl oder Tabakbüchsl" zum einen in die straff gefaßte jahrtausendealte Entwicklungsgeschichte des Glases überhaupt, zum anderen in einen nahezu 300jährigen Abschnitt aus der Geschichte der bayerischen Glaserzeugung und -veredelung. Er nimmt die Gelegenheit wahr, den Leser auch in die Schnupfergeschichte aus Bayern und Böhmen einzuführen und liefert damit auch einen interessanten Beitrag zur Volkskunde und Volkskultur unseres Landes.

Ich begrüße das Erscheinen dieses Buches und wünsche ihm einen guten Erfolg und Eingang in viele private und öffentliche Büchereien.

Landshut, den 6. Juni 1977

Dr. Gottfried Schmid
Regierungspräsident

Zur Einführung

Es sind nicht viele Plätze aus meinen Bubentagen, die sich so bildhaft in die Erinnerung eingeschrieben haben wie jener versteckte Winkel über der Sakristei der alten Bodenmaiser Pfarrkirche. Dort saßen an den Sonntagen die gestandenen Männer der Pfarrei, mit geradem Blick zum Altar Unserer Lieben Frau von Loreto, erhaben über den Leuten drunten im Kirchenschiff. Und sie nannten ihr thronendes Daheim das „Tabakstüberl". Hier durfte nach einem unergründbaren Privileg geschnupft werden, auch während des Gottesdienstes. Zwar verbat eine hölzerne Tafel gewisse Äußerungen, die den Schnupfern eigen sind. Gegen das „Tabakanfeilen" und die „Rockarois" der „Geschirre" – gemeint waren die Schnupftabakgläser und niemand sprach damals etwa von „Büchsln", wie es die Glasmacher im Zwieseler Winkel zu tun pflegen – gegen dieses Herumwandernlassen der Gläser also hatte nicht einmal der strenge Pfarrherr ein Wort anzubringen.

Lautlos glitt das Glasl von Hand zu Hand, wurde unbarmherzig gemustert, ehe man es bedächtig und schon halb versunken lüftete, bewitterte und sich daraus ein Stäuberl oder einen Höder entlieh. Das gläserne Gebilde wurde abgewogen, in die Handfläche gebettet, gestreichelt, gegen das Licht gehalten, mit dem Stopsl sorgsam wieder geschlossen und, ohne den Nachbarn dabei anzusehen, weitergereicht, während der geschmeichelte Besitzer verstohlen nachschaute, auf jede Stirnfalte achtete und glücklich war, wie sein Glasl da auf die Umfuhr ging und sich stolz mit den Gläsern und Dosen der anderen Schnupfer kreuzte. Selbst der Mesner durfte teilhaben, wenn er mit dem Klingelbeutel vorbeikam, und gar manchen hat er für ein Tabakschnüpfel vom Sonntagsopfer absolviert.

Reihum lief das Tabakglas und wieder zurück. Das Nicken und Knauken und Knampen, eine gehauchte, trockene Zustimmung gehörte meist allen dreien: dem gut geschmalzenen Brisil, dem kostbaren Geschirr und dem freigebigen Spender. Ritus und Brauch war es, eine kultische Handlung von sakraler Größe. Nur unter der Wandlung ruhte das Zeremoniell!

Die Schnupftabakgläser zählen zweifellos zu den interessantesten Schöpfungen der gläsernen Volkskunst. In bestimmten Zeiten nur wurden sie in Serie geblasen. Gleich nach 1918 zum Beispiel verschickte die Frauenauer Poschinger-Hütte einen ganzen Waggon voller Büchsl. Sie wurden mit Kartoffelgabeln verladen. Man hat das ungeheure Ereignis lange nicht aus dem Kopf gebracht, denn diese rauhe Praxis wollte sich halt gar nicht mit der stillen, sensiblen Persönlichkeit jedes einzelnen Gefäßes vertragen!

Die Schnupftabakfabriken von Regensburg, Landshut und Neuötting bestellten bei den Hütten gelegentlich größere Mengen von Gläsern. Zu den besten Abnehmern aber gehörten schon im 19. Jahrhundert die unzähligen hüttenmittelbaren Glasschleifen. Sie veredelten die Rohlinge teils im Auftrag der Glashütten, gewöhnlich aber in eigener Regie und auf eigene Rechnung. Und konnten bescheiden davon leben.

Sonst freilich lag das Büchslmachen fest in der Vorherrschaft des guten Glasmachers. Das sogenannte „Schinden", die kostenlose Entnahme der Glasmasse während der Brotzeiten, war ein ungedrucktes, zähes Recht und eben in diesen halben Stunden wurde immer wieder das lebendig, was wir ohne Zögern die künstlerische Freiheit, wenn man will die freie Künstlerschaft des Glasmachers nennen dürfen. Gelöst von Model und Erfolgszwang, von Aufsicht und Werkstattrhythmus konnte der Glasmacher hier für eine Weile kreativ werden, durfte er nach spontaner Lust und unabhängig vom Design den eigenen Einfällen nachhängen, üppig gestalten, das heißt „barockeln", konnte er „privateln", also für den Hausgebrauch herstellen und, auch das sollten wir nicht übergehen, weil es ihm die Ausdauer gab, in seine eigene Tasche wirtschaften. Aber im Laufe dieses Phantasierens und Suchens, des sich gegenseitig an Kunstfertigkeit und Ideen übertreffen Wollens, des traditionellen Arbeitens ebenso wie des Experimentierens fielen oft ganz neue und überraschende Techniken aus und sie kamen dann wieder der Hütte und der Glasmacherei im Bayerischen Wald allgemein zugute. Bis in unsere Zeit herein hatten die Glashüttenherren auch nichts gegen dieses „Schinden" und „Privateln" einzuwenden.

Der Weg des Tabakglasls vom Hüttenofen auf das Kühlband, von der Schleiferei in die Malerei und hinein in die Hosentaschen der Schnupfer verlief so verzweigt wie das Aussehen der gläsernen Wunder am Ende selbst. Die Glasmacherkinder verscharcherten die Büchsl schon in der Schule, verhandelten sie gegen Äpfel und Bauernbrot; Glasmacherfrauen trugen sie als Hamsterartikel bis ins Gäu über der Donau; Glasmacher vertauschten ihre kleinen Kunstwerke für Taubenfutter und weizenes Mehl.

Schnupftabakgläser führten natürlich auch die Landkrämer und vor allem die Glashändler, die sich seit dem 18. Jahrhundert in allen Gegenden des Bayerischen Waldes niederließen. Hausierer boten Schmalzlerglas unter der Haustüre an, Standlkramer verkauften sie an den Kirwatagen und wer alle diese Gelegenheiten übersah, konnte noch zu den Tabakreiberinnen von Zwiesel gehen, die in der zweiten Hälfte des 19. Jahrhunderts ein blühendes Hausgewerbe entwickelten. Auch draußen auf den Dörfern gab es Tabak- und Glasniederlagen. Dort trafen sich die Mannsbilder nach den Gottesdiensten um sich für eine weitere Woche einzudecken. Gefragt waren nicht weniger die böhmischen Gläser. Umherziehende Händler aus Haidl im Böhmerwald brachten sie heraus. Ihre Ware unterschied sich kaum von den heimischen Erzeugnissen. Denn es waren ja lange zuvor schon die gerühmten böhmischen Glasmacher herübergekommen, mitsamt ihrer Kunst, und die bayerische Glaslandschaft wäre ohne sie überhaupt nicht denkbar gewesen.

Noch um 1900 bekamen die heranwachsenden Burschen zur Firmung von ihren Döten das erste Schnupftabakglasl geschenkt. Zum Andenken und als Ansporn. Besonders schön gezierte Büchsl waren oft auch bei der Primizgabe, so der junge Herr schon als Student das Schnupfen geübt hatte. Dienstmägde steckten Tabakgläser ihren Liebhabern an Weihnachten oder zum Namenstag unter den Strohsack. Hochzeiterinnen überreichten das „Houzadglasl" ihrem Bräutigam am Morgen des Hochzeitstages, wenn sie im elterlichen Hause die „Gaglhenn", ein Frühstück servierten. Dieses Glas stand dann am Abend auf dem Brauttisch. Ein Zug aus dem Maßkrug und eine Pris aus dem Hochzeitsglasl mußten sein, wollte das öffentliche Schenken im Wirtshaussaal auch als herzlich angenommen werden. Ein Schnupftabakglasl konnte man in vielen Orten des Bayerischen Waldes, in Arnbruck, Ruhmannsfelden und Bodenmais zum Beispiel sogar gewinnen. Beim sogenannten „Ofenschüsselrennen" nämlich, das nach der Brautmesse und noch vor dem Hungertanz stattfand und bei dem sich die Männer und Burschen barfuß zu einem Straßenlauf versammelten. Aber nur der Letzte erhielt dabei ein Schnupftabakbüchsl, den Patzerpreis, aus der Hand der Kranzljungfrau, und gar einer wollte schon deswegen der Langsamste sein. Sagt man!

Diese anlaßgebundenen Gläser wurden eigens angefriemt (in Auftrag gegeben), weil ja das Jahr der Begebenheit und der Name des künftigen Trägers etwa nicht fehlen sollten und so bedeutsame Darstellungen wie das Gezähe eines Bergmannes oder das Werkzeug eines Schusters nicht alle Tage gemalt wurden. Solche Ausführungen sind im wahrsten Sinne des Wortes „einmalig" und werden entsprechend geehrt.

Vieles, was da rund um das Schnupfgerät erzählt wird, klingt heute schon wie eine Legende. Einzelne Glasmacher – das versteht sich gerade noch – und begüterte Bauern besaßen bis zu 40 und 50 solcher Tabakbüchsl. Sie wurden mit Vorliebe im Gläserkasten, unter dem Bett, in den Geheimfächern der Kästen und Truhen oder in einem Schwingerl aufbewahrt. Verschiedene Schnupfer hatten ihre „Wochenglasl", für jeden Tag eine extra Ausgabe und mit dem Namen des jeweiligen Wochen-

tages beschriftet. Andere, wie der Schreiner-Andrel von Bruck, verteilten die Glasl auf alle Werktagshosen und Feiertagsanzüge. Gegen die Vergeßlichkeit! Aber auf diese Weise versank manches Büchsl mit dem Totengewand im Grab. Ich habe noch alte Totengräber gekannt, die von den unfreiwilligen Grabbeigaben berichten konnten, die aber auch wußten, daß man den passionierten Schnupfern bisweilen ganz bewußt und absichtlich Tabakgläser mit in die Ewigkeit schickte.

Das Tabakglasl war gleichermaßen ein praktisches Requisit und ein wichtiges Zeichen auch der menschlichen Verbindung. Die Stammtischgläser, die überdimensionalen Tabakgläser der Burschenvereine und der Feuerwehren stehen sinnbildhaft für Zusammengehörigkeit und gemeinsame Unternehmungen. Schicksalsgemeinschaft geradezu verkörpern die Veterangläser der Kriegsteilnehmer von 1870/71, email-überfangene blaue Tabakglasl, die als ausweisendes Zeugnis von identifizierender Gültigkeit in hohen Auflagen für die Kriegsteilnehmer eigens gemacht wurden. Und wenn die Wallfahrer aus dem Bayerischen Wald nach drei Tagen harter Fußreise auf dem Heiligen Berg bei Pribram in Böhmen eintrafen, knüpften sie wiederum mit dem Glasl, wie in einer international verständlichen Sprache, einem Esperanto der Schnupfer in aller Welt, die erste und oft genug auch lebenslängliche Freundschaft. Ein Redemptorist vom Heiligen Berg notierte darüber 1867: „Gutmütig pflegen sie anzubieten, daß die hochwürdigen Herren aus einem Gläschen mit dem berühmten bayerischen Schnupftabak ein bißchen auf die Handoberfläche aufschütten und nach bayerischer Art schnupfen wollten". An dieser historischen Stelle fällt mit ein, daß es ja auch ein Geistlicher war, der drunten im Passauer Bistum sogar den Zettelschlitz seines Beichtstuhlgitters hatte aussägen lassen, damit er sein Glasl besser mit denen der Osterbeichter hat wechseln können.

„Wer kein Schnupftabakglasl im Hosensack hat muß der Henne auf der Gred ausweichen", meint ein Bodenmaiser Sprichwort. Das Schmaiglasl erscheint hier also auch noch als ein Symbol der Männlichkeit. Sicher hat es ein Schnupfer selbst so formuliert. Aber wie repräsentativ ein Glas letztlich sein konnte und wie hoch man es einschätzte, das richtete sich nach genau festgelegten Maßstäben: flach und handlich, mit einem schlanken Kragen und einem durchlässigen Löchl ausgestattet konnte ein solches Exemplar den Glasmacher nur loben. Die Wertschätzung ging so weit, daß man noch auf dem Sterbebett sein treues Tabakglasl notariell weitergab, als Ausdruck der Schuldigkeit einerseits und um gewiß zu sein, daß nicht auch das geliebte Büchsl vergehe. Johann Stern, ein Leibtumer vom Sternhammer bei Böbrach beispielsweise vererbte in seinem Testament 1816 den Nachkommen „1 Tabackscherben mit Glasl zu 6 Kreuzer und 1 Kerbl mit Tabackbüchsel zu 6 Kreuzer" und schied zufrieden hinüber.

Schon um die Jahrhundertwende begannen wenige Kenner die besten Stücke aufzusammeln. Leider übersahen es die meisten der damals gegründeten Museen, neben den älteren Gläsern auch die zeitgenössische Produktion exemplarisch zu sichern, ein Versäumnis, das sich bis in die letzten Jahre herein fortpflanzte und nun allgemein bereut wird. Gute neue Schnupftabakgläser sind heute so selten wie die alten geworden.

Von vielen belächelt waren es auch in den Dreißiger Jahren wieder die Sonderlinge, die den Glasln jetzt noch eifriger nachspürten. Die leidenschaftliche Begeisterung für das außerordentliche Schnupftabakbüchsl – warum eigentlich nicht auch für das alltägliche – erreichte ihren Höhepunkt wohl in den Sechziger Jahren. Private Kollektionen von hoher Stückzahl und bestaunenswerter Qualität wuchsen heran. Die Gläser verließen jetzt unter dem Druck verführerischer Preise endgültig das gewohnte Milieu. Sie wurden zum rein ästhetisch bewerteten Handelsobjekt, zur technologischen Kuriosität, zur Rarität schließlich, ohne daß man im Zuge der schnellen Umschichtung auch ihre einstige funktionale und brauchtümliche Bedeutung noch einmal näher erforscht und beschrieben hätte; die innere Beziehung des Schnupfers zu einem anscheinend starren und leblosen Ding, das sich aber durch die dauernde Korrespondenz, durch den täglichen und festtäglichen Gebrauch geöffnet und liebenswürdig gezeigt hatte. Hier hätte die echte Volkskunde einspringen müssen.

Geblieben sind neben verstreuten Überlieferungen wenigstens die Gegenstände, ganze Regimenter von gläsernen Flaschln, Fäusten, Wetzsteinen und Birnen, die zu ordnen und zu durchleuchten sich endlich ein Heiner Schaefer gefunden hat. Sein Hang zur Gründlichkeit, der persönliche Kontakt zu den alten und jungen Glasmachern, eine Ausdauer im Zuhörenkönnen, technisches Verständnis in gleichem Maße wie die Freude an den Objekten seiner Untersuchung, die Liebe zum Detail endlich und der Mut zu einer umfassenden Überschau, sie zusammen haben ein Werk geboren, das in seiner Fülle und Zuverlässigkeit unübertroffen dasteht.

Wahrlich ein Anlaß, dem Autor und dem Verleger zu gratulieren!

Zwiesel, im Herbst 1977

Dr. Reinhard Haller

Vorwort

„Da Woid is schee" – mit dieser schlichten Feststellung drückt sich im Volkslied eine tiefempfundene Zuneigung gegenüber einer Landschaft aus, die sich häufig karg und verschlossen zeigt, in der zu fast allen Zeiten Not und Armut geherrscht haben. Aber gerade die Herbheit des Landes und die Dürftigkeit der Lebensumstände haben im Bayerischen Wald, anhaltender als anderswo, positive Charaktereigenschaften, wie Bescheidenheit, Offenherzigkeit und Gastfreundschaft und eine traditionelle Kunstsinnigkeit, verbunden mit einem durch Jahrhunderte überlieferten handwerklichen Geschick, gefördert und bis in unsere Tage erhalten. Als Zeugen von Letzterem dienen die urwüchsigen und eigenständigen Erzeugnisse des Kunsthandwerks im Gebrauch aller Bevölkerungsschichten, wie religiöse Devotionalien und Artefakten, Möbel und vielgestaltige Nutzgegenstände aus Bauern-, Handwerkers- und Bürgerkreisen. Bei den Materialien dominieren naturgegeben das Holz und – das Glas.

Die aufrichtige Bewunderung für die uralte, traditionsreiche Glasmacherei im Bayerischen Wald hat dieses Buch entstehen lassen, das auf seine Art Dankbarkeit und Zuneigung für die Natur, die Menschen und die Kunstfertigkeit dieser Gegend ausdrücken will.

Sechs Jahre haben gerade ausgereicht, das vorliegende Material bei den gegebenen Möglichkeiten eines Freizeitsteckenpferdes zusammenzutragen. Sammelleidenschaft und Forscherfreude haben sich dabei ungefähr die Waage gehalten. Wenn in der einen Zielsetzung Leerlauf eintrat, gings oft mit der anderen zügig voran. Der Wechsel zwischen der einen und der anderen brachte den Fortschritt, der alle Mühen lohnt.

Ein Wort zu den Fotos: Die Notwendigkeit, oft in kürzester Zeit mit den einfachsten Mitteln eine große Zahl von Gläsern im Bild festzuhalten, hat die technischen Möglichkeiten stark eingeschränkt. Schon aus diesem Grund, aber auch aus der Überzeugung, daß Gegenstände des täglichen Gebrauchs in einer unaufdringlichen, aber natürlichen Umgebung am besten zur Geltung kommen, schied die ausschließliche Verwendung von streng neutralen und einheitliche Hintergründen, zum Beispiel aus Textil, aus. Und warum sollte nicht auch der Leser miterleben, daß manche Fotoserien im Garten auf einem verwitterten Eichentisch, oder vor dem Fenstervorhang eines Sammlers „geschossen" wurden?

Mein Dank für besonders hilfsbereite Unterstützung gilt

– den Glasmachern und Glasfachleuten: Helmut Schneck, Betriebsleiter der Hütte Eisch, Frauenau; Karl Blechinger, Glasmacher in Zwiesel; Josef Gaschler, Glasmacher in Lindberg; Josef Pscheidl, Glasmacher in Frauenau; Josef Rankl, Glasmacher in Zwiesel; Franz Schreder, Glasmacher in Lindberg; Karl Straub, Glasmacher in Frauenau

– den Historikern und Quellenlieferanten: Dr. Haller, Heimatpfleger in Zwiesel; Dr. Rückert im Bayerischen Nationalmuseum in München; Josef Schmidt, Studienrat in Zwiesel; Erwin Steckbauer im Waldmuseum Zwiesel; Adolf und Oskar Ulbrich in Zwiesel

– den Privatsammlern und Museen: A. Reitbauer, Bürgermeister in Regen; Herbert Fastner in Zwiesel; Rainer und Isolde Weiß in München; Bayer. Nationalmuseum in München; Glasmuseum in Frauenau; Waldmuseum in Zwiesel.

Sehr verbunden bin ich Herrn Dr. Haller für die freundliche Durchsicht des Manuskripts.

München, im Sommer 1977

Heiner Schaefer

Zur zweiten Auflage

Die zweite Auflage enthält alle Korrekturen, die sich auf Grund von Hinweisen aus dem Leserkreis und eigenen neuen Erkenntnissen ergeben haben. Ich freue mich über das große Interesse und Echo, das dieses Spezialgebiet hervorgerufen hat. Ein herzliches Dankeschön an die Leserschaft und vor allem an den Verleger, der viel Verständnis aufgebracht und keinen Aufwand gescheut hat!
München, im Frühjahr 1982

Heiner Schaefer

Die Schnupftabakgläser: Kunstglas und Glas der Volkskunst

Schmalzlerglasl, Brasilflaschl oder Tabakbüchsl, so lauten einige der Bezeichnungen für einen besonders liebenswerten und vielseitigen Zweig volkstümlicher bayerischer und gelegentlich auch böhmischer Glaskunst. Über Jahrhunderte hinweg spiegeln diese zierlichen Gebrauchsgegenstände Einfallsreichtum, Geschick, aber auch all das Ringen um Form und Farbe zur künstlerischen Aussage hin wider, das Erzeugnisse eines lebendigen Handwerks eng mit der Volkskunst verbindet. Kaum ein anderer Bereich unserer heimischen Glaskunst legt davon ein so unmittelbares Zeugnis ab.

Wer je Gelegenheit hatte, eines der besonders gelungenen Stücke zu betrachten und in der Hand zu halten, der spürt, daß Gebrauchswert, oder gestalterische Hinweise auf den Besitzer mit verschiedensten Devisen oder Berufsdarstellungen hier nur nebensächliche Merkmale sind und vor allem die Eigendarstellung des Handwerkskünstlers mit weitgespannter Phantasie und Experimentierfreude im Vordergrund steht. Freilich zeigt uns vor allem die Zeit um 1900 und aus unseren Tagen auch unzählige Stücke in der Monotonie wenig geschmackvoller Massenfertigung, aber die meisten gehen doch auf den gelungenen Entwurf eines Meisters zurück und können ihn, wo er erkennbar geblieben ist, auch als verwaschene Produkte einfallsloser Epigonen nicht schmälern.

Um Zwiesel und Frauenau habe ich eine ganze Reihe von Glasmachern kennen gelernt, die ihre Wohnstube mit hunderten selbstgefertigter Schnupftabakgläser dekoriert haben, gleichsam als greifbaren Überblick über jahrzehntelanges handwerkliches Schaffen. In vielen Fällen dient die Herstellung dieser Gegenstände natürlich wie vor Generationen als Nebenerwerb. Seit jeher und bis zu dem heutigen Tage ist es nämlich in den Glashütten Brauch, daß in den Arbeitspausen Glasmasse aus dem Ofen für den eigenen Bedarf entnommen und nach eigenem Entwurf gestaltet werden darf. Die solchermaßen „geschundenen" Stücke – so die Bezeichnung der Glasmacher – wie Vasen, Trinkgläser oder eben Schnupftabakgläser können dann auf eigene Rechnung verkauft werden. Sie bilden somit, da sie neben den vorgegebenen Entwürfen der Hüttenproduktion stehen, einen besonderen Zweig im Kunsthandwerk.

Natürlich lehnen sich die Glasmacher mit ihren eigenen Arbeiten oft an die Hüttengläser an – der Grundwerkstoff ist ihnen ja im Hafen vorgegeben – und auch Stilelemente werden häufig übernommen. In den besten Stücken spürt man aber immer unmittelbar das, wenn auch oft naive und wenig geschulte, aber ehrliche künstlerische Streben begabtester Glasmacher und Glasveredler.

Es ist sehr zu begrüßen, daß in den letzten Jahrzehnten endlich auch die Museen und die Fachleute neben dem eigentlichen Kunsthandwerk mit der sogenannten Volkskunst auch die bescheideneren, aber nicht minder wertvollen und durch lebendiges Brauchtum sogar oft unverfälschteren Bereiche künstlerischer Gestaltung aufgreifen. Die folgenden Ausführungen über die Schnupftabakgläser im Bayerischen Wald sollen hierzu einen kleinen Beitrag leisten. Dabei soll die Geschichte der Schnupftabakgläser vor den Hintergrund des Kunstglases gestellt werden, um die enge gegenseitige Beeinflussung deutlich zu machen.

Leider hat die schlechte Wirtschaftslage der letzten Jahre in vielen Glashütten die bisher großzügige Duldung des „Schindens" weitgehend eingeschränkt. Vielleicht ist mancherorts auch übertrieben für den Eigenabsatz produziert worden. Trotzdem ist dringendst zu hoffen, daß die Bestimmungen wieder etwas gelockert werden. Die freudige Eigenschulung der Fertigkeiten geschickter und mit Liebe ihrem Beruf verbundener Glasmacher muß doch auch im Eigeninteresse der Hütten liegen.

In einer alten böhmischen Glashütte soll ein Türstock folgenden Spruch getragen haben:

„Ist ein unendlich Kreuz das Glaß zu machen"

Wodurch könnten der Reiz und die Spannung im geistigen, wie im technologischen Sinne, die den handwerklichen Gestaltungsprozeß einer so wandelbaren Materie ausmachen, besser ausgedrückt werden?

Kurzgefaßte Glasgeschichte mit Hinweisen auf die bei Schnupftabakgläsern angewendeten Techniken

Das Altertum:

Die Glasmacherkunst gehört zu den ältesten kunsthandwerklichen Techniken überhaupt. Bei Ausgrabungen in Mesopotamien wurden gläserne Schmuckstücke mit einem Alter von über 5000 Jahren nachgewiesen, und die ersten Glasgefäße wurden dort wohl schon um 2000 v. Chr. hergestellt. Auch in Ägypten wurden gläserne Gegenstände ähnlichen Alters ausgegraben, und die Frage, wo denn die Glasmacherkunst zuerst angewandt wurde, ob in Mesopotamien oder Ägypten, wird sicher angesichts der ungeheuren Zeitspanne und der nur bruchstückhaften archäologischen Quellen zumindest im Rahmen der hier angestellten Betrachtungen müßig sein. Sicher ist jedoch, daß von diesen beiden Ursprungsländern sich dieses Handwerk schon im 4. und 3. Jh. v. Chr. nach Syrien, Persien und Griechenland ausgebreitet hat.

In Ägypten und Mesopotamien war die Glasbläserei zunächst noch unbekannt. Vielmehr wurde das Hohlglas durch Eintauchen eines Tonkernes in die Glasmasse oder durch Umwickeln einer konischen Kupferspindel mit zähflüssigen, einigen Millimeter starken Glasfäden erzeugt. Von Anfang an wurden diese Gläser, die vor allem zum Aufbewahren von Salben und Essenzen dienten, durch Glasfäden verziert, die mit Kobalt-, Kupfer- und anderen Metalloxyden eingefärbt waren. Somit konnte schon damals eine ganze Reihe von Farbtönen hergestellt werden. Nach dem Auflegen der verschiedenfarbigen Glasfäden wurde die Gefäßoberfläche sorgsam geglättet, nicht aber z. B. durch Schliff weiterveredelt. Bemerkenswert ist allerdings, daß die aufgebrachten Glasfäden häufig in fischgrät- oder vogelfederartigen Mustern gegenläufig mit einem rechenähnlichen Werkzeug „eingerissen" wurden, eine Technik, die in Anlehnung an das Kunstglas ja auch bei den Schnupftabakgläsern sehr beliebt wurde! Vavra beschreibt in seinem Buch „Das Glas und die Jahrtausende" als Beweis der bewundernswerten Fähigkeit altägyptischer Glasmacher sogar einen direkten Vorläufer der später in Venedig als „Millefiori" bezeichneten Technik, bei der Glasfadenbündel zu bestimmten Mustern zusammengestellt und in scheibenartigen Abschnitten aneinandergefügt werden. In Kenntnis dieser erstaunlichen Vielfalt an technischem Können, das den vorgeschichtlichen Handwerkern das Äußerste an Sorgfalt und Erfindungsgabe abverlangte, ist es erklärlich, daß die Glasprodukte jener Zeit den Edelsteinen für ebenbürtig gehalten wurden, und man ihren Preis an dem des Goldes maß.

Wenige Jahrzehnte nach Christi Geburt wurde vermutlich in Syrien die Glasmacherpfeife erfunden, wodurch der Fertigkeit des Glasbläsers jetzt alle Möglichkeiten gegeben waren, Größe und Form seiner Erzeugnisse zu variieren. Zudem konnten Glasobjekte jetzt einfacher und in größeren Stückzahlen hergestellt werden. Noch im selben Jahrhundert breitete sich deshalb die Glasbläserei über das römische Reich und damit praktisch über den ganzen mittel- und südeuropäischen Raum aus. Man findet aus dieser Zeit einfache Flaschen aus grünem oder farblosem, d. h. nur schwach verunreinigtem sogenannten Waldglas, in der Form geblasene „optische" Becher und Schalen, aber auch schon blaue und rote Farbgläser, die zu den Kostbarkeiten zählten.

Abb. 1:
Salbgefäß (Alabastron) aus Ägypten,
6.–5. Jh. v. Chr. Blaue Glaspaste mit weißem und gelbem
Faden. H = 125 mm (Mus. f. Kunsthandwerk, Ffm)

In den folgenden Jahrhunderten fügten dann geschickte Hände phantasievoll Glasnuppen oder Fadenauflagen an den Glaskörper, der aber auch schon geschliffen oder bemalt wurde, und aus dem 4. Jh. nach Chr. sind sogar sogenannte Zwischengoldmedaillons erhalten, eine Technik, bei der eine radierte Goldfolie zwischen zwei Glasflächen eingeschmolzen wird. Der Bogen, der von den jahrtausendealten farbigen Erzeugnissen ägyptischer Handwerker und den geschliffenen und bemalten Hohlgläsern der römischen Blütezeit bis zu den Glasprodukten der Neuzeit geschlagen werden kann, läßt erkennen, daß dem Wissensstand und der Fertigkeit der

Abb. 2:
Kelchglas, Venedig,
1. Hälfte 18. Jh. Farbloses Glas mit Fadeneinlagen.
H = 160 mm (Mus. f. Kunsthandwerk, Ffm)

Abb. 3:
Nabelflasche, Tirol, 17. Jh.
Blaues in der Form geblasenes Glas. H = 199 mm
(Mus. f. Kunsthandwerk, Ffm)

Abb. 4:
Scherzgefäß in Form einer Pistole,
Deutschland, 17. Jh. Farbloses Glas. L = 448 mm
(Mus. f. Kunsthandwerk, Ffm)

Glaskünstler im Altertum neben einer zwar allgemeinen Verfeinerung und wechselnden Hochblüte verschiedener Techniken keine grundlegenden Neuerungen hinzugefügt wurden. Die moderne Technologie steuerte dem uralten Handwerk eigentlich nur die präzise und schnelle Verarbeitung von Farbe und Form in gleichbleibender Qualität und somit die Voraussetzung für industrielle Erzeugung bei. Daß vor allem in der bayerischen Glaskunst unserer Tage neben der Automatenfertigung auch der ursprüngliche und zeitlose Erfindungsgeist und unmittelbare Schaffensdrang der Glashandwerker noch zu finden ist, erklärt den hohen Reiz, sich gerade mit speziell diesen oft zu wenig beachteten Glaserzeugnissen zu befassen.

Mittelalter und Neuzeit:

Mit dem Niedergang des römischen Reiches und der Ausbreitung des Islams im 7. Jahrhundert verlagerten sich die Hauptzentren der Glasmacherkunst wieder in den Mittelmeerraum, nach Persien, Syrien und sogar Indien, bis ab etwa dem 13. Jh. die venezianischen Werkstätten ihre Arbeit aufnahmen, vor allem anfangs unter Mitwirkung byzantinischer Spezialisten. Die eigentliche Blütezeit der venezianischen Glaskunst, die seit 1291

wegen der Brandgefahr auf die Insel Murano übersiedelt war, begann aber erst im 15. Jh. mit der Aufnahme geflohener Handwerker aus dem von den Türken eroberten Konstantinopel. Im 16. Jh. war in ganz Europa das Glas aus Venedig vorherrschend, das in praktisch allen Techniken ausgeführt wurde. Neben Gläsern in den verschiedensten Farbtönen stellte man auch edelsteinähnliches Achat- oder Jaspisglas her; mit großer Fertigkeit wußte man Fadengläser wie Spitzenwerk zu gestalten (daher die später so beliebten „Mascherl" bei den Schnupftabakgläsern) und entwickelte die Gold- und Emailmalerei zu hoher Vollendung. Einzig für Schliff oder Schnitt war das relativ leichte und in der Wandstärke nicht ausreichende, wohl aber schon sehr klare venezianische Glas nicht geeignet. Dies war auch der Grund, warum es sich bei der im 17. Jh. einsetzenden Geschmacksänderung, die den Schliff und vor allem den Schnitt der deutschen und böhmischen Gläser höher schätzte, nicht mehr behaupten konnte. Erst im 19. Jh. kam das venezianische Glas wieder zu Ehren und übt bis heute wieder einen wesentlichen Einfluß auf die Glaskunst aus.

Über die Glastechniken im 16.–19. Jh. in Deutschland und Böhmen soll als Hintergrund für die Geschichte der Schnupftabakgläser im Bayer- und Böhmerwald eine knappe tabellarische Übersicht dienen. Selbstverständ-

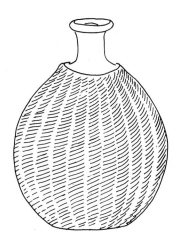

Abb. 5:
In der Form geblasene Flasche mit „geschiebtem" Dekor.
(vgl. Katalog Krug, Nr. 60)

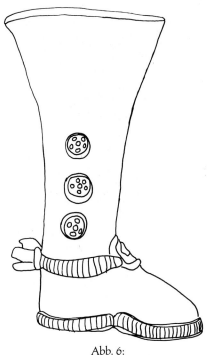

Abb. 6:
Scherzgefäß in Stiefelform

lich ist die Anwendung einzelner Techniken nicht nach diesem Schema abzugrenzen, es sollen ja auch hier nur die wichtigsten Epochen herausgestellt werden. Im übrigen wird auch kein Anspruch auf eine erschöpfende Darstellung erhoben, es werden vor allem Techniken aufgeführt, die in einem engeren Zusammenhang mit denen bei den Schnupftabakgläsern angewandten stehen.

Die Tabelle im Anhang zeigt im 16. Jh. das Vorherrschen der venezianischen Gläser, denen allenfalls deutsche Auflagentechniken entgegenstanden, wie z. B. die „Krautstrünke" (Becher mit aufgelegten Glasnoppen oder -warzen), die beliebten Römer (Fadenauflage in Freihandtechnik), sowie die in der Form geblasenen „optisch" verrippten Becher, Maigelein (flache Trinkgefäße) oder die Humpen, freigeformte Kuttrolfe und Vexiergläser. Doch hatten auch schon aus den venezianischen Werkstätten geflüchtete Spezialisten die Fertigkeit des Einbrennens von Emailfarben nach Deutschland gebracht.

Im 17. Jh. gewann das durch Knochenasche oder Zinnoxyd eingefärbte Milchglas an Bedeutung, mit dem das kostbarere und elegante Porzellan nachgeahmt werden sollte. Die Freihandformen wurden komplizierter, es gab Scherzgefäße in Menschen- und Tierform, und sogar im Detail ausgeführte Pistolen sind bekannt! Bei den

Veredelungstechniken kam vor allem die Emailmalerei mit Wappengläsern, Reichsadler – und Jagdhumpen zur vollen Blüte.

Als edelste und schwierigste Veredelungstechnik griff man aber zunächst in Nürnberg den Glasschnitt auf, der bei der im Gegensatz zur venezianischen, härteren und stärkerwandigen deutschen Glasmasse hervorragend auszuführen war; berühmte Glasschneider arbeiteten dann auch in Schlesien, Potsdam, Thüringen, Sachsen und Böhmen.

Damit stehen wir schon mitten im 18. Jh., in dem aber nun wieder der Wunsch nach farbigem Glas vorrangig wurde. So bemalte man das Milchglas in lebhaften Emailfarben mit floralen oder Landschaftsmotiven. Beliebt waren auch Flaschen mit blauen Glastupfern (Vorläufer der „Schwartenmägen") bzw. kobaltblaue Flaschen mit starken „gerissenen" Emailbändern.

1679 wurde von J. Kunckel in Potsdam zum erstenmal in größerem Umfang das leuchtendrote Goldrubinglas erzeugt, das lange Zeit für Repräsentationsstücke von hoher Bedeutung war. Ausgefallen und kompliziert in der Herstellung waren auch die sog. Zwischengoldgläser. Dabei wurde entweder ein Becher mit radierter Gold- oder Silberfolie beklebt und ein exakt passendes zweites Glas darübergebracht, oder die Goldfolie wurde medaillonartig mit Glas überschmolzen. Von großer

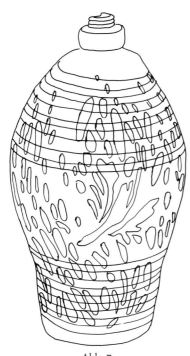

Abb. 7:
Milchglasflasche mit eingewalzten, blauen Glassplittern
freihändig umsponnen (Vgl. Katalog Krug, Nr. 61)

Abb. 8:
Milchglasflasche mit blauem Faden in Fiederdekor,
Deutschland, 18. Jh.

Schönheit sind in dieser Technik die Arbeiten von Johann Mildner in Gutenbrunn etwa zur Wende vom 18. zum 19. Jh.

Im 19. Jh. dominierte das Farbglas. Das Rubinglas wurde jetzt auf einfachere Weise mit geringerem Goldaufwand erzeugt, und man erzielte fast jede beliebige Farbe durch Metalloxyde. Opake, also undurchsichtige Gläser erhielt man durch Beimengen von Knochenmehl (Trüb- oder Beingläser). Sehr reizvoll ist auch das geheimnisvoll fluoreszierende „annagelbe" oder „annagrüne" Uranglas. Häufig wurden verschiedenfarbige Glasschichten direkt oder durch Klarglasschichten getrennt übereinander aufgetragen (Überfanggläser) und durch variationsreichen Glasschliff voneinander abgesetzt. Von besonderer Wirkung sind aber die sog. Steingläser, das tiefschwarze Hyalith aus der Hütte Georgenthal des Grafen Buquoi in Südböhmen und das kostbare Edelsteinglas, das Lithyalin von Egermann aus Blottendorf bei Haida in Nordböhmen. (Abb. 10 u. 11). Infolge des immer mehr zum Einsatz kommenden schweren Bleikristalles, das von England her seinen Siegeszug angetreten hatte, wurde nun auch der bisher wenig beachtete Glasschliff zu höchster Vollendung gebracht. Vor allem die farbigen Überfanggläser waren hervorragend zu Weiterveredelung geeignet und wurden mit zahlreichen Schliffvarianten, wie z. B. Walzen-,

Blatt-, Ranken-, Spitzsteinel-, Diamanten- oder Strahlenschliff versehen, um nur einige zu nennen. Daneben erlebte aber auch der Glasschnitt eine neue Blütezeit.

Als neuartige, für das 19. Jh. nicht minder bedeutsame Veredelungstechnik, müssen die Malereien in Transparentfarben gewertet werden, wohingegen als Beispiel für ein Aufsetzen eines Fremdmaterials die pastosen eingeglasten Portraits zeitgenössischer Berühmtheiten (sog. Pastengläser) hier nur als Ergänzung und Abschluß der tabellarischen Übersicht angeführt werden sollen.

Das 20. Jahrhundert:

Die Wende zum 20. Jh. brachte den „Jugendstil" als allgemeine Kunstrichtung, die auch das Glashandwerk wesentlich beeinflußte. Bereits ab der Mitte des 19. Jh. wird auf die Vielzahl neuer Glastechniken und industrieller Herstellungsverfahren hin zunehmend eine Verfallserscheinung spürbar, als hätten sich die Künstler mit der äußersten Ausspielung technischer Variationen und zahlloser Entwürfe erschöpft. Erst als Reaktion auf die Lähmung durch die industrielle Massenerzeugung kam es Ende des Jahrhunderts zu einer Reformierung

19

Abb. 9:
Zwei Schwarzglasvasen
von Erwin Eisch, Frauenau 1976
H = 220 und 565 mm (Sammlg. Schaefer)

der Glaskunst, vor allem auch unter dem Einfluß des orientalischen und asiatischen Raumes. Neben der Befreiung aus der Formenstrenge des Historismus wurden besonders komplizierte Färbungstechniken und die Abwandlung des Oberflächendekors weiterentwickelt, u. a. mit schillernder Lüstrierung, eleganten Fadenauflagen oder raffinierten mehrschichtigen Überfängen. Namen wie Gallé oder Daum in Frankreich, Tiffany in den USA oder Loetz in Böhmen unterstreichen eine weltweite Blütezeit in der Glaskunst. Kennzeichnend für die endgültige Befreiung von jahrhundertealten Vorbildern ist das Bemühen, das natürliche Wesen dieses Werkstoffes in den Vordergrund treten zu lassen und Formen und Dekore in eine enge Verbindung zur Natur zu stellen. So erhalten wir aus dieser Zeit herrliche Vasen und Gefäße, angelehnt an Pflanzenformen oder mit eleganten Dekoren wie Blütenrispen, zartgetöntem Laub, pfauenfederähnlichem Schmuck, schlanken Vögeln oder zierlichen Schmetterlingen. (Abb. 14).

Obwohl die eigentliche Blütezeit des Jugendstils sich in der Glaskunst nur etwa bis in das erste Jahrzehnt des 20. Jh. erstreckt, sind die Auswirkungen noch bis in die späten 20er Jahre zu spüren. Mit den Weltkriegen kam das Glashandwerk jedoch zum Stillstand und die Mitte unseres Jahrhunderts zeigte wieder die Zeichen industrieller Produktion mit glatten und dem Geist der Zeit entsprechenden nüchternen Formen, die vor allem den Verwendungszweck betonen sollten. Die nostalgischen oder romantischen Bedürfnisse der Abnehmer wurden mit künstlerisch meist wertlosem Abklatsch der Volkskunst oder der Biedermeierepoche gedeckt.

Seit etwa den 60er Jahren jedoch läßt sich ähnlich wie am Ende des vergangenen Jahrhunderts eine Belebung der Glaskunst spüren, die sich im Bayerischen Wald vor allem mit den Gläsern Erwin Eisch's aus Frauenau von dem nüchternen Design und den Dekorationseffekten abkehrt und mit einer den Jugendstil an freizügiger Gestaltung noch übertreffenden, häufig auch nicht mehr gegenständlichen Formung der Glasmasse nach neuen Wegen sucht und das Glasobjekt somit zur Skulptur werden läßt. Welche Ziele dabei auch erreicht werden mögen, die Kunst des Glasmachers und -veredlers scheint sich endlich wieder von der Massenherstellung rein zweckbestimmter Erzeugnisse aus der Retorte der Designer abzukehren und mit Selbstbewußtsein nach neuen tiefempfundenen Stilformen zu ringen.

Abb. 10:
Böhmische Becher des 19. Jh.
(Von links) Fadenglas, Milchglas, Hyalithbecher,
Emailaußenüberfangglas, Uranglas
(Sammlg. Schaefer)

Abb. 11:
Egermann'sches Lithyalinflacon um 1830
(Sammlg. Neidhardt)

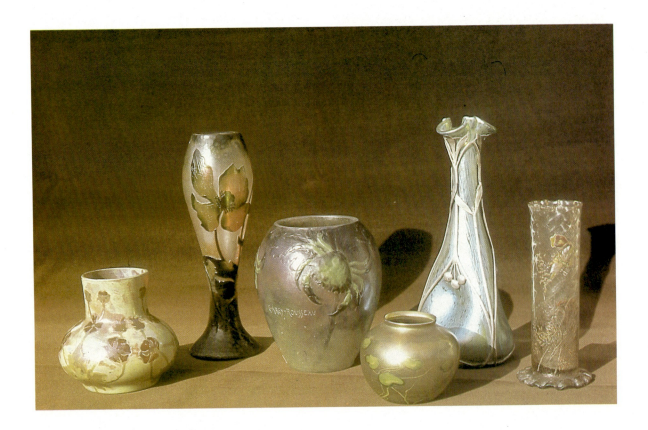

Abb. 12:
Riechfläschchen aus Achatglas, Venedig, 18. Jh.
H = 105 mm (Sammlg. Schaefer)

Abb. 13:
Riechfläschchen aus kobaltblauem, optisch geblasenem
Glas mit weißen Emailpunkten, Venedig (?), 18. Jh.
H ca. 70 mm (Musée des Arts Decoratives, Paris)

Abb. 14:
Jugendstilgläser um 1900. (von links) Vase mit Reduktionsfar-
benmalerei von A. de Caranza, Daum-Keulenvase in Überfangtechnik, Pâte-de-verre Glas von Argy-Rousseau, Favrile-
glas von Tiffany, Loetzvase mit Metallmontierung, Gallé-
vase mit Emailmalerei.   (Sammlg. Schaefer)

Abb. 15:
Schnupftabakflaschen aus dem bayerisch-böhmischen-
oberösterreichischen Raum, 18. Jh.
(Oberösterreichisches Landesmuseum, Linz)

23

Abb. 16:
Verschiedenfarbige „hohlgeschnürlte" Gläser, Spiegelau, um 1910 (Sammlg. Schaefer)

Abb. 17:
Gläser mit Emailmalerei in ähnlicher Ausführung. Bayerischer Wald um 1900 (Sammlg. Schaefer)

Kurze Schnupfergeschichte aus Bayern und Böhmen

Der Geschichte der Schnupftabakgläser muß zweckmäßigerweise eine kurze historische Betrachtung über das Tabakschnupfen im bayerischen und böhmischen Raum zum besseren Verständnis der Bedeutung dieses Brauches vorangestellt werden.

Das Schnupfen und der Schnupftabak:

Im 16. Jh. machten englische Soldaten nach ihren Dienstjahren in Westindien weiten Kreisen den Tabak als Genußmittel bekannt. Die ersten Pflanzen, die 1578 nach Bayern an den Münchner Hof kamen, wurden allerdings zuerst als Arzneimittel, z. B. gegen den Katarrh verwendet. Das Rauchen und Schnupfen wurde erst im 17. Jh. Brauch, als Reisende aus Spanien und Frankreich diese Neuerungen auch in Deutschland verbreiteten. In Bayern und im benachbarten Böhmen war bis Anfang des 20. Jh. das Schnupfen fast noch beliebter als das Rauchen, ganz besonders geschätzt wurde dabei der echte „Brasil" oder „Brisil" aus Südamerika.

Als Mitte des 17. Jh. in Bayern der Genuß von Tabak und Schnupftabak immer schneller um sich griff, und alle Erlässe, das Tabakschmauchen und Schnupfen den „Bauern und gemeinen Leuten" zu verbieten, nichts fruchteten, wurde 1669 von der kurfürstlichen Hofkammer in München eine Steuer von zehn Gulden auf den Zentner Brasiltabak erhoben. Aber da sich anscheinend daraus kein Geschäft machen ließ, wurde das Tabakwesen 1675 zunächst an den Italiener Peter Bignani aus Piacenza, und – als diesem ebenfalls kein Erfolg beschert war – drei Jahre später an den Münchner Johann Senser verpachtet. Diesem kam die immer größere Verbreitung der neuen Gewohnheit entgegen, und er erzielte hervorragende Geschäftserfolge. Sogar im Hungerjahr 1692 hieß es, daß die „Manns- und Weibspersonen sich an den Tabak gewöhnt hatten, daß sie sich dessen in Ermangelung anderer gleichsam als Nahrung bedient hätten". Trotz der nun auch für die kurfürstliche Kasse sehr viel höheren Erträge wurde 1717 in Bayern der Tabakvertrieb der freien Wirtschaft überlassen, da die Kosten der selbst durchgeführten Überwachung für zu hoch erachtet wurden.

Sehr aufschlußreich für die Verbreitung des Schnupftabaks und seine Einschätzung durch Zeitgenossen ist die in der deutschen Übersetzung 1720 in Leipzig erschienene Kampfschrift von Johann Heinrich Cohausen mit dem Titel:

„Satyrische Gedanken von der Pica Nasi oder der Sehnsucht der lüstern Nase, das ist: Von dem heutigen Mißbrauch und schädlichen Effect des Schnupf-Tabacks".

Im Vorwort des deutschen Übersetzers heißt es:

„Die Welt hat eine poßierliche Mode angenommen. Das ist der unmäßige Gebrauch des Schnupff-Tabacks. Taback schnupffen alle Nationen. Taback schnupfft man in allen Ständen, vom höchsten biß zum niedrigsten. Ich habe bißweilen mit Verwunderung gesehen, wie große Herren und ihre Laquayen, wie vornehme Leute und die vom gemeinen Pöbel, Holzhacker und Handlanger, Besenbinder und Bettel-Voigte ihre Tabatiere mit sonderlicher Grandezze heraus nehmen, und damit handthieren. Taback schnupffet beyderley Geschlecht, denn es ist nunmehro auch unter das Frauenzimmer kommen; Die Damen machten den Anfang, und von denen allergeringsten Wäscher-Mägden wird es iezo nachgethan. Taback schnupfft man so häufig, daß die Nase im Gesicht mehr einem heimlichen Gemach, als einer Nase ähnlich sieht, so unvernünftig, daß man den Staub um Nase und Mund vor einen Zierrath hält, da doch, solange die Welt gestanden hat, alle vernünftigen Menschen ein besudeltes Angesicht vor schändlich gehalten haben, so unsinnig, daß auch die Krafft zu riechen und die Gesundheit des Leibes muß verlohren gehen. Taback schnupfft man ohne Noth zu allen Zeiten, an allen Orten, ohn Unterlaß als wenn alle Lust und alles Glück, als wenn Ehre und Reputation Leben und Gesundheit, ja die zeitliche und ewige Glückseligkeit darauf bestünde . . ."

Damit ist aber tatsächlich festgehalten, daß bereits Anfang des 18. Jh. das Schnupfen und das Renommieren mit Schnupftabak-Behältnissen bei Hoch und Niedrig gleichermaßen weit verbreitet war. Im übrigen spricht der Autor davon, daß angeblich schon vor 200 Jahren, also um 1500, zu Heilzwecken scharfe Kräuter, wie „Majoran, Wohlgemuth, Mayenbluemgen, Nießwurzel, u. a." in Pulverform geschnupft wurden.

Als 1760 in Böhmen eine „Tabakscollecta" eingezogen wurde, die übrigens nach dem gesellschaftlichen Rang des Verbrauchers gestaffelt war, und man 1784, als der Tabakhandel dort Staatsmonopol wurde, die Einfuhr des „Brisils" nach Böhmen verbot, um den Absatz der inländischen Erzeugnisse zu fördern, da blühte ein einträglicher Schmuggel zwischen dem bayerischen und böhmischen Grenzland auf. Manch duftende Last wechselte zu dieser Zeit in dunkler Nacht auf den Schultern der „Pascher" oder „Schwirzer" über die Grenze. Die Schmuggelei breitete sich aus „wie eine Pest" – wie uns durch Zeitgenossen berichtet wird –, obwohl strenge Strafen verhängt wurden. Konnte ein „Finanzer" bei einem Händler geschmuggelten Tabak nachweisen, so wurde dessen gesamte Handelsware beschlagnahmt. Pro Pfund Tabak mußte der Ertappte zwölf Reichstaler entrichten, waren es über 10 Pfund, wurde er zu einem Jahr öffentlicher Arbeit verurteilt. Faßte man ihn ein zweitesmal, gabs zwölf Jahre Zwangsarbeit, das drittemal dann gar vier Jahre Festungshaft (Lit. 1). Trotzdem war der Anreiz einfach zu groß, als daß auch härteste Strafen eine abschreckende Wirkung hätten zeigen können. So berichtete noch 1913 die Prager Zeitung genauestens vom sagenhaften Leben und Ende des „Tabak-Peters", des Königs der Tabakschmuggler! Böhmische Pascher in sackartigen Anzügen und im Winter mit runden Schneeschuhen ausgerüstet, belebten noch Anfang unseres Jahrhunderts das Stadtbild von Zwiesel. Herr Adolf Ulbrich erzählte mir, daß ein gewisser „Weisel" häufig in der Malerwerkstatt Schnupftabak-Büchsl in Auftrag gab, mit denen er dann nachts über die Grenze verschwand. Als er einmal über ein dreiviertel Jahr ausblieb, war allen klar, daß er auf einem seiner Gänge gefaßt worden war.

Eine lustige Geschichte erzählte man sich in einem böhmischen Grenzdorf. Ich erlaube mir hier eine freie Wiedergabe dessen, was mir erzählt wurde:
Ein „Finanzer" hatte einen „Pascher" erwischt, als dieser gerade mit Brasilrollen aus Bayern über die Grenze wollte. Der Schmuggler blieb indes gelassen und meinte nur lakonisch: „Zerscht rast ma, dann schnupf ma und dann renn ma!" Gefragt, was dieser rätselhafte Ausspruch bedeuten solle, erwiderte er nur: „Wirst scho seh'n!" Der Weg war beschwerlich und tatsächlich setzte man sich bald zur Rast. Der Pascher zog ein Büchsl hervor und legte sich gemächlich eine mächtige Pris auf. Neugierig und vielleicht etwas neidisch sah der Finanzer zu. Da blies ihm plötzlich der Pascher den Schnupftabak, sicher eine besonders „rasse" Sorte, ins Gesicht und rannte auf und davon. Der Beamte, geblendet vom scharfen Tabak, sah nicht in welche Richtung, dafür kannte er aber nun die Bedeutung des Ausspruches!

Eine andere, nicht weniger vergnügliche Geschichte finden wir bei Blau (Lit. 1). Sie handelt ebenfalls vom Mißgeschick eines Finanzers. Dieser hätte beinahe eine Waldbauernfamilie beim Tabakreiben überrascht. Gerade noch rechtzeitig war der Beamte erspäht worden. Als dann dieser auf den ersten Blick in der Wohnstube nichts Verdächtiges wahrnehmen konnte, glaubte er es besonders schlau anzustellen, wenn er den kleinen Buben ausfragte: „Beiwal, wo hatts den's Towaggschier?" Der Kleine gab auch gleich treuherzig Antwort: „Am Scherm (auf dem Tiegel) sitzt d'Muada und'n Hräwa (Reiber) hot da Voda boneahm!" Der Finanzer, mit einem Blick auf die Mutter, die unschuldig strickend auf der Bank saß, glaubte sich gefoppt und zog ohne weitere Kontrolle ab.

Nach wie vor blieb der Brasil am beliebtesten. Vom „Kaiserlichen", dem Inlanderzeugnis, sagte man: „Lauter Tabak, gar kein Brisil"! Viel Lobpreisungen, Gedichte und G'stanzeln gab's auf den „Schmalzler" oder „Schmai". Waldbauern, Studenten, die Honoratioren, sogar Frauen und Schulbuben, alle erlagen dieser Leidenschaft. Von den Kranken sagte man:

> „s'Lebn und nix gfreut'n mehr,
> gfreut'n koa Schmalzla mehr!"

Dem Schnupftabak schrieb man auch alle möglichen Heilerfolge zu. So sollte er z. B. das Sehvermögen schärfen und die Entwicklung der Geisteskräfte günstig beeinflussen. Die Zeremonie des Schnupfens fand ihren Eingang auch ins bäuerliche Brauchtum. So können wir bei Blau nachlesen, daß auf Hochzeiten der Bräutigam aus dem „Brägganglasl" den Gästen offerierte, und beim Pfingstlreiten mußte der letzte des Wettrennens alle, die es verlangten, aus einem großen Glas schnupfen lassen. Traf man sich auf der Straße oder im Wirtshaus, boten die Schnupfer sich mit dürren Worten gegenseitig aus ihren Büchsln an: „Host oan?", „Hau oan her!", mehr wurde kaum geäußert.

Von der Osterbeichte ist uns folgender Brauch überliefert: Zunächst schob der Pfarrer den Beichtzettel mit einer Prise Schnupftabak versehen durchs Gitter. Der Beichtwillige probierte und retournierte sodann den Zettel mit einer Probe aus dem eigenen Büchsl.

Auch soll das Einstecken eines fremden Glasls eine häufige Neckerei gewesen sein und zu zahllosen Raufereien geführt haben. Im Büchl von Paul Friedl (Lit. 3) lesen wir gar vom unheilbringenden Millefioribüchsl, das dem Dieb in der Hand zu tausend Scherben zersprang, so daß diese amputiert werden mußte.

Trotz der unzweifelhaften Bedeutung des Schnupferbrauches schreibt Blau respektlos, das Schnupfen wirke nicht verschönernd auf das Äußere des Menschen, und: „Der eifrige Schnupfer ist oft schon von weitem an der aufgedunsenen Nase (der Tabaknase, auch Heft oder Kumpf genannt), den Tabakspuren im Bart und auf den Kleidern, der nicht selten spiegelnden Weste und dem eigentümlichen Brisilgeruch zu erkennen".

Ein positives Verhältnis zur Schnupferei bekundet uns ein Artikel aus dem Bayerwaldboten, der hier zitiert werden soll, weil er besonders liebevoll die Schnupfzeremonie schildert:

„Wenn unser alter Professor Zeitler sei silberne Schnupftabak-
dosen außerzog'n hat, is der ganzen Klaß a weihevolle Handlung
bevorg'standen.

Zerscht hot er mit der Dos'n leicht an Katheder hinklopft, damit
der Schmai schö locker hergeht. Nachat is er mit den Fingern
der rechten Hand durch sein' langa, weißen Vollbart g'fahrn
und hat umständli sein' Stuhl bestiegen.

Feierlich hebt er iaz den Deckel von sein Schatzkastel und greift
mit spitzen Fingern in de braunschmalzate Glückseligkeit. Der
linke Dam' steht scho steil in d'Höh. Des gibt a ordentliche
Gruab'n für den Schmai, den echten Perlesreuter Schmalzler.

Was er iaz da in der Dama-Gruabn aufschicht', von der Dos'n
her, des werd im Kloan a Pyramidn von Gizeh. Alle schaun
mir eahm andächti zua, wia er den Haufen hindatschelt zur a
nasengerechten Form, zur a konsumreifen Prisn.

Den Kopf hot er iaz o'gwendt, dem Fenster und dem Himmel zua,
an oanzige Vergeistigung und Erwartung sitzt am Katheder.
Jiaz aber schwebt de Nos'n über die Opfergabe hin und des
linke Nasenloch senkt sich über den Gupf. A rhythmische Bewegung hebt den linken Ellbog'n in d'Höh und von der Gruabn
her kommt a zartes Schiab'n, seitlich und leicht aufwärts. Es is
wia a Wiag'n in dem Hin- und Herfahrn unter der Nasen.

De kultische Handlung hat ihren ersten Höhepunkt erreicht: Das
rechte Aug' is zuakniffa, das linke weit offen. Das Ansaug'n
is im Gang. Der Schmai wandert im Luftstrom aufi ins Hirn-
kastl. Der Gupf is weg, de Gruabn is laar, der Dam senkt se für
an Aug'nblick. De Aug'n san wieda gleichmäßig auf den schwarz-
braunen Vorrat eing'stellt, der linke Dam hebt se wieder. A naiche
Prisn nimmt G'stalt an. Im zwoatn Akt fallt de Vergeistigung
aus. Das rechte Nasenloch fahrt iaz gierig über des lockere Fuatta,
das linke Aug is zua, das rechte schaut gläsern über uns hinweg.
Im Aufiziagn, do is koa Beschleinigung zu spüren. An echter
Schnupfer, a sechener, der was vasteht vom Schmai, der muaß
se grad in dera Phasn Zeit lassen.

De rechte Seit'n is versorgt, der letzte Rest aus der Gruabn
geht als Tröstung noch durchs linke Nasenloch. Des senkt se
über de Nachspeis als wia a Kerzenlöscher über'n o'brennten
Docht.

Jiaz, gibt's no an Aufenthalt, a Schweigeminute sozusagen. –
Derweil der Schmai im Hirn arbat und es hell und klar macht –
des ko a jeder ausprobiern – entfaltet unser alter Professor Zeitler
des große rotbleamate Schneiztiachl. Bei dera Portion von an
echten Perlesreuter Schmai miaßt ma iaz eigentli auf ein erd-
bebenhafts Hatschi warten, daß glei der Katheder wackelt. So
was passiert aber bloß bei an Anfänger und bei Damen de wo so an
weißen Schneeberger schnupfen. Beim Zeitler dat ma da uma-
sunst warten, des is an auspichter. Des Tuachei falt' se unter
seine bedächtinga Händ zu an länglichen, glatten Wickel und
mit dem fahrt er iaz genießerisch unter der Nasen umeinander,
dann verschwindet de Nos'nbürstn hint' im Rockschoß.

Ein besinnliches Bartstreichen mit beiden Händen und fordernd
klar kimmt's vom Katheder:

Hofmann, wo san ma s'letztemal steh'n bliebn?"

Abb. 18:
Tabakreiben im „Towagscherm"

Das Tabakreiben und das „Towagg'schirr":

Ja, aus welch geheimnisvollen Ingredienzien bestand
denn nun eigentlich dieser Teufelsschmalzler, der vor
allem in Böhmen trotz strengstem Verbot von den Waldbauern im Verborgenen nach sorgsam gehüteten Rezepten angefertig wurde?
Den Rohstoff kaufte man pfundweise oder in noch kleineren Mengen bei den Krämern in den bayerischen
Grenzdörfern, und zwar in Form von gerollten und ge-
beizten Blättern, die zu schwarzen Stricken gedreht
waren. Diese wurden auf einem Brettchen feingeschnit-
ten und dann im „Towagscherm", einem runden Tiegel,
etwa 35 cm Durchmesser, und 15 cm hoch, mit einer

27

Erhöhung in der Mitte ähnlich einer Gugelhupfform, mittels einer etwa einen Meter langen, schweren Holzkeule bedächtig zerrieben. Für den Wohlgeruch und als Bindemittel wurde Schmalz zugesetzt, als Aromastoffe Zwetschgen, Zwetschgenkerne, Feigen, Majoran, Rosenöl oder Zucker. Zur Entwicklung einer beißenden Schärfe waren Buchenasche oder Kalk beliebt, für die ganz abgestumpften Nasen angeblich sogar zerriebenes Glas. Bei Blau finden wir einen Hinweis, daß besonders geschäftstüchtige Verleger die Masse mit Baumrinde und mit gedörrten Kuhfladen streckten. Weitere Gerätschaften waren das kehrbesenähnliche „Hasenpfeitschl" und das „Reiterl" – durch das der fertige, feine Schnupftabak gesiebt wurde.

Die Tabakreiber wurden aber auch als Handgerät in einer Kleinstausführung in der Tasche getragen, um die rohen Tabakblätter jederzeit frisch aufbereiten zu können. In den Verhörsprotokollen des Landgerichts Bärnstein (Lit. 8) ist folgender Bericht über den Diebstahl eines derartigen Gerätes zu finden:

„1730. Andre Fridl, Bauerssohn zu Oberkreuzberg, hat dem Michl Mayr zu Augrub aus jederzeit gepflogener guter Vertraulichkeit und Bekanntschaft um das Tobackhreiberl, um hierauf einen Tobackh reiben zu können, in den Hosen Sack gegriffen, worauf der letztere den ersteren einen Schelm genannt hat".

Im allgemeinen wurde der fertige, geriebene Schnupftabak zwecks Frischhaltung in einer Schweinsblase oder in heute noch zahlreich erhaltenen Steingutflaschen mit Henkel verwahrt. Die Fabriken versandten ihn allerdings in Fässern oder in Paketen, die mit Wachs- oder Pergamentpapieren wasserdicht gehalten wurden.

Die Schnupftabakgläser in vier Jahrhunderten

Flacons, Snuffbottles und Schnupftabakgläser:

Eigentlich ist das Schnupftabakfläschchen als eine spezielle Variante der seit dem 17. Jh. weit verbreiteten Flacons anzusehen. Bereits in der Antike hatten kleinere gläserne Behälter zur Aufbewahrung von wohlriechenden Ölen und Essenzen, wie z. B. die Balsamarien der Ägypter, große Bedeutung. Der Inhalt der Flacons, alle möglichen Duftwässerchen, Parfums und Salben, diente im 18. Jh. der gehobenen Bevölkerungsschicht als Ersatz für die recht mangelhafte Hygiene. Über das Biedermeier bis zum Jugendstil finden sich diese kleinen, oft sehr liebevoll gestalteten Fläschchen.

Größe, Form, Vielzahl und Art der angewandten Glastechniken stimmen oft verblüffend mit den Charakteristiken der Schnupftabakgläser überein. Manchmal ist die Frage gar nicht einfach zu klären, ob es sich bei einem Flacon nicht auch um ein Schnupftabakglas gehandelt haben könnte, oder umgekehrt. Einen gewissen Aufschluß kann lediglich die Öffnung am Hals des Gefäßes geben. Fläschchen, die für flüssige Duftstoffe bestimmt waren, tragen meist einen Zinn- oder Silberverschluß, oder es ist ein Glasstöpsel eingeschliffen. Bei den immerhin ebenfalls zahlreichen Flacons ohne Verschluß weist der Öffnungsdurchmesser – ca. 8–12 mm – bezüglich des Inhalts eher auf Riechsalze oder ähnliche Stoffe, als auf Schnupftabak hin. Zumindest im bayerisch-böhmischen Raum, auf den wir uns ja beschränken wollen, war aber eine derartig große Öffnung streng verpönt. Auch alte Tabakbüchsl haben nur selten eine größere Öffnung als 5 mm.

Es ist tatsächlich überraschend, wie häufig der Sammler überall in den europäischen Museen auf Flacons stößt, die eine enge Verwandtschaft mit den altbekannten Formen von Schnupftabakgläsern aus dem bayerischen Raum zeigen. Sogar im Louvre in Paris, im „Musée des Arts Decoratives", habe ich eine Sammlung von Flacons aus dem 17. und 18. Jh. entdeckt, die neben „Mascherln", „Gerissenen", „Gesponnenen" und „Schwartenmägen", sogar ein „geschleudertes" Fläschchen enthält. (Abb. 13).

In London, bei Sotheby's, wurde 1976 eine weiß-blau gerissene „Neidfaust" mit Metallverschluß, eine venezianische Arbeit des 18. Jh. versteigert. Dies alles beweist, daß viele der typischen Arten von Schnupftabakgläsern auf ältere Formen des Flacons, meist wohl aus Venedig, zurückgehen. Hier könnte sicher noch eine fruchtbare Forschungsarbeit geleistet werden.

Doch zurück zu den Schnupftabakgläsern! Vermutlich wird es erst Mitte des 18. Jh. gewesen sein, daß der

Abb. 19:
Glastrichter mit Drahtspiralen. H ca. 150 mm

bisher höfischen oder bürgerlichen Kreisen vorbehaltene Werkstoff, das Glas, auch zu den Schnupfern aus einfacheren Bevölkerungsschichten vordrang, und sich neben den sonst gebräuchlichen Behältnissen, den Metalldosen, Beinbüchsen und Holzschachteln die flachen zierlichen Glasfläschchen der heimischen Glasindustrie durchzusetzen begannen. Dabei wird man die saubere und die Aromastoffe gut erhaltende Aufbewahrungsmöglichkeit besonders geschätzt haben. Gefüllt wurden die Tabakfläschchen über die enge Öffnung im „Kragen" mittels eines Trichters aus Holz, glasiertem Ton oder Glas und einer Drahtspirale, dem „Towagstriegler", oder ganz einfach über das Streichen von der Tischkante. Hinweise über die verschiedenen Verschlußarten werden in einem gesonderten Kapitel gegeben.

Den gleichen Weg der Tabakaufbewahrung gingen bemerkenswerter Weise mit ihren herrlichen „snuffbottles" auch die Chinesen, die in Beherrschung von Farbglasherstellung, Malerei und Glasschnitt den euro-

Abb. 20:
Chinesische Snuffbottle in Überfangtechnik
(Mus. f. Kunsthandwerk, Ffm)

päischen Künstlern ebenbürtig waren. Allerdings handelte es sich dabei nicht um geblasene, sondern um schichtweise gegossene Stücke, die im Charakter mehr den aus Halbedelsteinen geschnittenen Behältnissen ähneln, und die in der Formgebung die Leichtigkeit und Eleganz des hohlgeblasenen Glases gelegentlich vermissen lassen. Über die „snuff-bottles" wird berichtet (Lit. 24), daß ihre erste geschichtliche Erwähnung auf das Jahr 1705 zurückgeht. Besonders beliebt sollen sie in der zweiten Hälfte des 18. Jh. gewesen sein. In dieser Zeit wird dem Kaiser Ch'ien-lung eine Sammlung von fast zweieinhalbtausend Schnupftabakfläschchen nachgesagt.

In Europa tauchten sie erstmals 1857 in London auf einer Versteigerung des Auktionshauses Christie's auf und sind seit dieser Zeit besonders in den anglo-amerikanischen Ländern beliebte Sammelobjekte.

„Tabakbüchsl" aus der Glashütte zu München, 1677–1681:

Den ältesten Hinweis auf eine Fertigung von Schnupftabakgläsern im bayerischen Raum verdanke ich Herrn Dr. Haller aus Zwiesel. Dieser untersuchte bei Forschungsarbeiten über die von Kurfürst Ferdinand Maria (1651–1679) in München errichtete Glashütte Rechnungen, die eine vielseitige Produktion belegen (Lit. 17).

Aus den Unterlagen, die in der Bayerischen Staatsbibliothek aufbewahrt werden, gehen folgende interessante Einzelheiten hervor:

Die Glashütte wurde im Jahre 1677 in München „am

Lehen, nechst dem Pauzimmerstadl mit Prenn-, Kiel-, Temperier- und Ströckhäfen, item einer Kißstampfmühl, und anderer Zueghör" errichtet und nahm im Oktober desselben Jahres die Arbeit auf. Unter dem Glashüttenmeister Hans Christoph Fidler waren beschäftigt „eyn Schmölzer, zway Schürrer, eyn Zuehelffer" und mehrere „Glaßmachergsölln". Der wichtigste Geselle, ein Michael Weber, durfte neben dem Hüttenmeister in einem auf Rechnung des Kurfürsten errichteten Haus neben der Glashütte wohnen, erhielt einen Anteil an der Glasproduktion, einen Taglohn von einem Gulden, und außerdem wurden ihm die Reisekosten („Zöhrung und Versaumbnus") erstattet. Er stammte nämlich „außm Waldt herauf", also aus dem Bayerischen Wald. Die Namen der anderen Gesellen lauteten Adam Perger, Davidt Hilz, Bärtlme Wagner und Jacob Ainberger. Daneben wurden noch einige „Scheibenmacher" für weniger qualifizierte Arbeiten beschäftigt.

An „gemainem Glaßwerckh" fertigte man „durchsichtige Scheiben, gemaine Fensterscheiben, Hanndt Granaten (starkwandige, mit Sprengstoff zu füllende Glaskugeln), Ärztpläterl", etc.

Als sog. besseres Glaswerk wurden vor allem Gebrauchs- und Ziergefäße aus folgenden Glassorten hergestellt: „Waißl, Porzalän, Schatirtes (Chardirtes) und weiß und gefärbts Christal". Die Bezeichnungen sind heute nur schwer zu klären. Anzunehmen ist, daß es sich um unterschiedliche Glasqualitäten und -ausführungen gehandelt haben wird. Vom Begriff her am ehesten abzuleiten ist das „Porzalän", Da das weiße Porzellan um die fragliche Periode nur von Einzelstücken aus China und Venedig bekannt war, Experimente in Deutschland erst ab 1693 angestellt wurden, und Böttger erst im Jahre 1708 seine Erfolge nachweisen konnte, wird es sich wohl hier um Porzellanersatz, also um Milch- oder Trübglas, evtl. auch farbig, gehandelt haben. Beim „Waißl", das auch mit der Bezeichnung „Waißl"-Geschirr Erwähnung findet, wird wohl, da Steingut ja ausscheiden dürfte, das normale, „weiße", also in der Regel ungefärbte Glas gemeint sein, das sich qualitätsmäßig vom noch reineren „Christal" unterscheidet. Bei letzterem handelte es sich vermutlich um Kaliglas, bei dem als Flußmittel ein besonders hoher Anteil von Pottasche verwendet wurde. Am schwierigsten ist aber der Begriff „Schatiertes" bzw. „Chardiertes" zu klären. Rudolf Berliner (Lit. 17a) vermutet hier eine Art Marmorglas.

Immerhin sind bei den „erkauften Materialia, welchen der Hüttenmeister zu seiner Arbeith bedürftig", wie z. B. „geleutterten Saliter (Salpeter), Kiß, alte Glasscherben, Salz so zue Leutterung der Glaßscherben erforderlich, gebrannten Aschen", auch „Borrax" und „Arsenicum" aufgeführt. Letzteres dient bekanntlicherweise zur Eintrübung der Glasmasse. Zur Vergütung des „Christalwerckhs" ist auch das Entfärbungsmittel Braunstein erwähnt, der, als eine Lieferung aus der Schönau sich als untauglich erwies, aus Zwiesel bezogen wurde.

Es scheint mir angebracht, dem tieferschürfenden Interessenten zur Illustration einer Glashüttenproduktion des späten 17. Jhs. einen kleinen Überblick über die angefertigten Gegenstände zu geben:

Aus „Waißl": „Mundgläßl, Maykrueg (für Maiwein), Kriegl, Mösserschäft, Schällel (Schale) mit Hengl, Sackschällel, verdeckhts (Deckel-)Pocal, Tobackhpfeiffe, Confect Schale, Glöckerl", etc.

Aus „Porzalän": „Pistole, Henglschällel, Salzfäßl, Kölchböcherl, Kruegl, Muschl mit einem Fuß, Flaschen, Faßnacht Glaß, Dreyäckige Schale, Mundtglaß, große Maykruegl", etc.

Aus „Schatirtem": „Böcher mit Fuß und Hengl, Confect Schale, drey äckhige Schale, verdeckhts Böcher, hoche flache Glaß, Flaschen, rothe und blaue verdeckhte Böcherl auf Füßen, Maykruege", etc.

Aus „Christal": „Vexirglaß, Credenz Kölchglaß, Salzfäßl, Maykruegl, Einmachschällel, Tobackhpfeiff, Antvogl, Muschl auf Füeßn, Muschel mit Knöpfen, Öhl und Essig Glaß, Nacht Gschürr, Kugln", etc.

Die häufig gleichartigen Gegenstände deuten tatsächlich darauf hin, daß bei den vier Materialien qualitativ unterschiedliche Glassorten bezeichnet sind. Übrigens soll noch erwähnt sein, daß bei allen Sorten auch „geschnüttene" Arbeiten ausgeführt wurden. Ein Eintrag aus dem Jahr 1678 lautet:

„Vermög der Beylag No. 1, hat der Hüttenmaister zway von dem Christalschnaider Veiten Limer hangefertigte Stuckh, namblich ain verdeckhten Böcher und ain verdeckhts Mundtglaß gelifert . . . (aus Christal)".

Aber auch die anderen Materialien wurden geschnitten. So finden sich z. B. aus „Waißl" ein „geschnüttenes Schällel mit ainem Fuß", aus „Porzalän" ein „geschnüttener verdeckhter Böcher", und wieder aus „Christal" ein „geschnüttenes Schällel mit ainem Fuß", ein „geschnüttenes Kölchgläßl", ein „geschnüttenes Scharmüzl", ein „hochgeschnüttenes Credenzstuckh mit Deckheln".

Ob es sich hier um einfachste oder anspruchsvollere Arbeiten handelte, ist nicht leicht zu sagen. Immerhin befand sich um 1675 der berühmte Glasschnitt in Nürnberg nach Schwanhardt d. Älteren erst in der zweiten Generation und eine derart frühe Verbreitung nach München scheint um diese Zeit fraglich.

Weitere Eintragungen in den Rechnungsmanuskripten belegen die Tätigkeit eines Jacob Dubs, „Palirer und Glaßschnaiter", der aber nur Salzfäßchen, in Flaschen eingeriebene „Zäpfl" und Würfel herstellte. Weder er noch Vitus Limer sind wohl in der Hütte fest angestellt gewesen.

Viel bedeutender als der gelegentliche Glasschnitt, mit

dem wohl auch einfachere Schliffarbeiten bezeichnet wurden, ist der hohe Anteil an Farbgläsern in folgenden Varianten:

> „Blab (blau), purpurfarb (violettrot),
> mörgrien (meergrün), rott (rot),
> bluemränfarb (grün?)"

Überraschend ist auch der Anteil freihandgeformter bzw. in der Form geblasener Glasgegenstände, wie z. B. Pistole, Trompete, Stiefel, Ochsenkopf, Schweinderl, Greif, Ente, Schwan, Taube, Muschel mit Meerfisch, Schale mit Walfisch, großer Löwe mit sechs kleinen auf dem Kopf, Tabakpfeife, etc. Angeblich sollen gerade diese Arbeiten die besondere Stärke des Hüttenmeisters gewesen sein (Lit. 17a).

Nun aber zu dem für uns Wichtigsten, den Schnupftabakgläsern! Ganz genau sollen hier alle Eintragungen getreulich wiedergegeben werden, wobei beachtenswert ist, daß die Stücke aus „Christal" keineswegs die teueren sind!

1678	4	Stuckh Tobackhpixl	(aus Waißl)	zu je	10	Kreuzer
	2	" "	(aus weißem od. gef. Christal)	zu je	6	"
	6	" "	(aus Schatirtem)	zu je	24	"
1679	1	" "	(aus Waißl)	zu	12	"
	2	" "	(aus Christal)	zu je	6	"
	6	" "	(aus Christal)	zu je	6	"
	15	" "	(aus Christal)	zu je	6	"
1680	1	" "	(aus Christal)	zu	5	"

Angesichts des Zeitraumes von fast 300 Jahren ist es nicht leicht, an Hand von alten, bei Sammlern und in Museen erhaltenen Stücken zu rätseln, ob vielleicht eines davon gar aus diesen frühen Tagen stammen könnte. Die Frage, wie denn überhaupt die Glasl aus der Zeit der Kurfürsten Ferdinand Maria und Max Emanuel ausgesehen haben könnten, läßt sich wohl nur an Hand der Geschichte des Kunstglases abwägen, bzw. im Vergleich mit den sonstigen in der Hütte hergestellten Gegenständen.

Wie bereits erwähnt, war der Anteil von farbigen und von in der Form geblasenen Gläsern ziemlich groß. Wenn man davon ausgeht, daß die Münchener „Tabakbüchsl" ganz einfache flache oder bauchige Fläschchen waren, dann liegt aber doch die Vermutung nahe, daß sie gelegentlich auch farbig ausgeführt oder in „optische" Formen geblasen wurden, um mit einfachen Mitteln eine schlichte Verzierung zu erzielen.

Ein recht gutes Beispiel dafür ist sicher die Nr. 85, ein farbloses, optisches Glas mit einem feinen, zopf- oder drahtartigen Muster. Es ist interessant, daß Berliner (Lit. 17a) bei der häufig in den Unterlagen der Glashütte aufgeführten Bezeichnung „geschiebt" unter Bezug auf

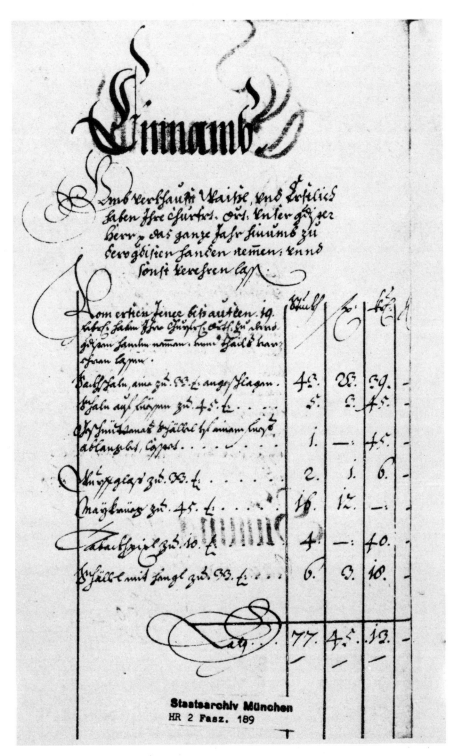

Abb. 21:
Aus dem Rechnungswesen der Glashütte zu München, Band 1678, fol. 37r

das Grimm'sche Deutsche Wörterbuch vermutet, es habe sich um eine „Form mit Ausbuchtungen, die drahtartig gewesen sein mögen" gehandelt.

Da der Glasschnitt in der Hüttenproduktion nur bei wenigen Einzelstücken erwähnt wird, ist wohl kaum damit zu rechnen, daß gerade die Schnupftabakgläser dergestalt veredelt wurden.

Um diesen kleinen Abschnitt früher Glaserzeugung abzuschließen, soll noch berichtet werden, daß der Betrieb der Münchner Glashütte zunächst im Oktober 1681 eingestellt wurde. Den Hüttenmeister Fidler, der auf Grund seiner Fähigkeiten als Glasmacher geschätzt wurde, behielt man im Arbeitsvertrag, so daß es ihm möglich war, seine Experimente fortzuführen. 1690 soll er dem Kurfürsten Max Emanuel sogar zwei Rubingläser überreicht haben. Eine anhaltende Hüttenproduktion unter Fidler kam aber hauptsächlich wohl auf Grund der Abwesenheit des Kurfürsten, der mit dem Türkenkrieg und der Statthalterschaft in Brüssel andere Sorgen hatte, nicht mehr zustande. Einige Zeit wurde die Hütte privat geführt und stand um die Jahrhundertwende noch einmal kurz unter kurfürstlicher Verwaltung. 1702 wurde der Betrieb endgültig eingestellt.

Als Ergänzung zur Münchener Glashüttentradition führt Schmidt (Lit. 29) an, daß bereits 100 Jahre früher unter Herzog Wilhelm V. ab 1584 eine Glashütte in München unter Leitung von venezianischen Meistern Glaswaren wie Pokale, Krügl, Tisch- und Trinkgläser, sogar mit „weißen Streimen", also Fadengläser, hergestellt hat.

Das 18. und frühe 19. Jahrhundert:

Frühe Belege über die Benutzung von Schnupftabakgläsern sind uns aus Bodenmais erhalten (Lit. 4). 1741 und 1766 haben 2 Berghauer testamentarisch festgehalten, daß ihre „Tobackhs Fläschl" einem guten Bergkameraden als letzte Geste ihrer Berufsverbundenheit weitergegeben werden sollen. Dabei kann angenommen werden, daß es sich schon um besondere Stücke gehandelt haben wird, sonst hätte diese Geste ja nicht allzuviel Gewicht gehabt.

Aus der gleichen Quelle stammt ein Bericht über den Freitod des Devotionalienhändlers Joseph Ertl im Jahre 1794 (Lit. 6). Neben Rosenkränzen, Kreuzwegbüchln, Ablaßpfennigen und anderen religiösen Gegenständen fand man unter den persönlichen Habseligkeiten des „Kraxentragers"

„1 Tobackh Gläsel angefüllt mit Tobackh, 1 Große Dosen, eben mit Tobackh angefüllt, 1 blechen Trachter (Trichter zum Einfüllen des Schnupftabaks), 1 Rogel (Tüte), darin etwas an Tobackh".

Die frühesten, exemplarisch nachgewiesenen Schnupftabakgläser im deutschsprachigen Raum, bei denen eine zuverlässige Datierung möglich ist, lehnen sich an die im 18. Jh. so beliebten emailbemalten, bäuerlichen Schnapsflaschen an. Vor allem aus dem bayerisch-böhmischen und österreichischen Raum, wo die Herstellung derartiger Flaschen lange betrieben wurde, sind uns auch einige Schnupftabakgläser erhalten, wie sie z. B. im Oberösterreichischen Landesmuseum in Linz aufbewahrt werden (Abb. 15). Es handelt sich hierbei um einfache Milch- oder Klarglasflaschen in schlichter Emailmalerei mit Zunft- und Freundschaftssymbolen. Ebenfalls aus der Zeit um 1800 und wohl auch aus derselben Gegend stammen die hier im Bildteil aufgeführte Nr. 118 und das Milchglas Nr. 13, bei denen die Emailmalerei eine beachtenswerte Qualität aufweist.

Die damals auch über den deutschsprachigen Raum weit hinaus verbreiteten Schnapsflaschen wurden aber auch in einfachen Farbglas- und Fadentechniken hergestellt. Insoferne wird auch ein kobaltblau und emailweiß „gerissenes" Schnupftabakglas, wie die Nr. 48, nicht zu Unrecht der Zeit um 1800 zuzuordnen sein, ebenso wie die Nr. 3, ein schlichtes und doch sehr elegantes grünes Glas. Mit Sicherheit von sehr hohem Alter sind auch „optische" Schnupftabakgläser, wie sie ja schon weiter oben erwähnt wurden.

Ein sehr frühes, mit 1821 datiertes Schnupftabakglas (Nr. 104) weist bereits eindeutig auf die Herstellung im Zwieseler Raum hin. Zu beachten ist der hier erstmals genau zeitlich festzulegende Grundschliff, der sich bis in die heutige Zeit erhalten hat, die hübsche Steinelung, das geschnittene Bauernstandszeichen und das kalligrafisch sehr schön ausgeführte Monogramm. Sicher stammen auch einige gut gravierte Farbglastypen, wie die Nr. 4, aus dieser frühen Zeit. Die Motive liegen oft neben den Zunft- und Namensbezeichnungen im floralen oder religiösen Bereich.

Ein beurkundeter Hinweis auf die hüttenmäßige Fertigung um 1840 in Spiegelau

Von besonderer Bedeutung ist ein urkundlicher Hinweis auf eine Produktion von Schnupftabakgläsern in der Hellmeierischen Hütte in Spiegelau um das Jahr 1840! Im Archiv von Herrn Josef Schmidt in Zwiesel konnte ich die Ablichtung einer Prozeßakte (Lit. 18 und 21) betreffend die Anton Hellmeierische „Gantsache" einsehen. Im Verteilungsplan vom 9. 6. 1846, der die Ansprüche der Gläubiger im Konkursverfahren regeln sollte, heißt es im wohl für alle Zeiten gleichtönenden Amtsdeutsch:

„. . . Die Maurermeisterswittwe Katharina Bösl ist in der IIIten Klasse mit einer Forderung von 1079 fl 58 kr lociert. Die Forderung ist insoferne privilegiert, als das Faustpfand darauf hinreicht. Von den fraglichen Pfändern wurde die bei der Versteigerung vom 17ten Oktober 1842 für 307 fl 54 kr für Rechnung der Katharina Bösl verkauft, und ist ihr dero als Faustpfand in Anspruch genommene Glasvorrath von 28 Kisten Tafelglas, 3 Kisten Hohlglas, 1 Faß Tabakgläser, abschlagsweise an ihrer Forderung eingeräumt worden".

Somit sei festgehalten, daß in den vierziger Jahren des vorigen Jahrhunderts ein Gläubigeranspruch an einen konkursgegangenen Glashüttenbesitzer u. a. mit einem Faß (vermutlich 65 l fassend) Tabaksgläser befriedigt wurde.

Leider ist uns nichts darüber erhalten, von welcher Technik und Qualität die Glasl aus dem Faßl waren. Wohl kaum werden es so schöne Stücke wie z. B. die Nr. 104 gewesen sein, eher schon unveredelte Farbgläser oder einfache Bladerl, d. h. also simple „Ordinariglasl". Aber wer weiß?

Die Landshuter Gewerbeausstellung 1852

1852 wurde im großen Rathaussaal zu Landshut die zweite niederbayerische Industrieausstellung abgehalten. Eintritt und Katalog (Lit. 15) kosteten je 6 Kreuzer.

Man wurde ersucht, „die Kopfbedeckung, welche man nicht abnimmt, im Ausstellungslokale nicht niederzulegen". Das Abzeichnen von „Maschinen, Mustern oder anderen eigenthümlichen Gegenständen" war nicht gestattet. Dem Aufsichtspersonal wurde ein bescheidenes und gefälliges Benehmen zur Pflicht gemacht.

Von der selbst gezogenen Seide, über irdene Brunnröhren, Fotografien, Musikinstrumente, Feilen, Hüte, Stiefel, Uhren, Regenschirme, bis zu Betschemeln, Wassergrandln, Brillen, Tabakpfeifen, Kutschwagen, Kerzen und vielerlei Glaswaren bot ein vielseitiges Handwerk seine Leistungen dar. Ein Uhrmacher zeigte eine Brisiltabakmaschine, ein Spenglermeister eine Metallvioline, „der Schwere wegen zum gewöhnlichen Gebrauch zwecklos", ein Buchbinder ein Missale „nach eigener Erfindung zum Aus- und Einhängen gemacht", eine Corsettenmacherin einen Schnürleib, ein Hutfabrikant neben Knabenhütchen auch einen Seiden-Tschako, ein Säcklermeister drei Paar gestickte Hosenträger, ein Juwelier ein künstliches Gebiß mit in Gold gefaßten Emailzähnen, ein Büchsenmacher eine gezogene Pistole, „mit welcher ohne Pulver, blos mit einer Kapsel-Patrone auf 30 Schritte 1/4 Zoll dickes Holz durchschossen werden kann und ganz gerecht Schuß hält", eine Dame ein gesticktes Bild vom Chiemsee, ein Orgelbauer eine

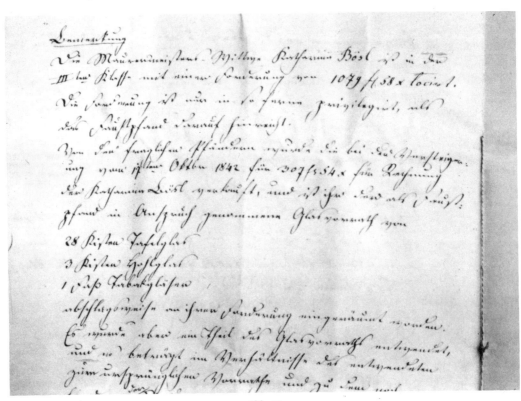

Abb. 22:
Auszug aus dem Verteilungsplan vom 9. 6. 1846

„kleine Orgel mit 6 Registern, versehen mit einem Magazin-Gebläse und einer starken Intonation", und die „seltenen Erzeugnisse" einiger Kunstgärtner und Blumisten schmückten „auf das Imponierendste den Saal der Ausstellung".

Für unsere Betrachtungen ist aber von besonderem Interesse, daß als einziger Glasveredler ein Johann Gaschler, Glasschleifer in Zwiesel, auch eine Reihe von Schnupftabakgläsern ausstellte.

Die Katalognummern lauten:

„353 5 weiße Tabackgläser, Walzenschnitt á 48 kr.
354 5 weiße Tabackgläser, Krystallschnitt á 48 kr.
355 6 Annagelbe Tabackgläser, Bouquet u. Vergoldung
   á 1 fl. 24 kr.
356 7 Rubin-Tabackgläser, Krystallschliff á 1 fl.
357 7 Annagelbe Tabackgläser, Krystallschliff á 1 fl.
358 6 Stück weiße Platterl-Tabackgläser á 24 kr.
359 6 Tabackgläser mit geätzten Schilden und
   geschnitten á 21 kr".

Unklar ist hier die Unterscheidung von Schnitt und Schliff, bedeutsam die Bezeichnung „annagelb" für urangefärbte Gläser. Die „Platterl-Gläser" sind sicher perloptische gewesen, die Gläser mit den „geätzten Schilden" (Spiegeln) waren wohl deshalb so billig, weil der Schnitt in der hauchdünnen Ätzung keinen großen Aufwand erforderte.

Die teuersten Gläser, die annagelben mit „Bouquet und Vergoldung" kosteten immerhin einen Gulden und 24 Kreuzer. Den Wert dieses Betrages können wir ungefähr aus folgenden Vergleichen mit anderen Ausstellungsstücken bestimmen. Es kosteten z. B.

---

1 Halbekrügel, geschliffen mit Deckel	4	Gulden
1 irdener Brasiltiegel	1	"
1 Paar Herrenstiefel	5	"
1 Paar Kinderstiefel	1	"
1 Paar bocklederne Beinkleider	16	"
3/4 Loth Waschgold aus der Isar	18	"
1 Pfund ordinäre Kerzen	22	Kreuzer
1 Sacktuch	36	"
1 Hundsschüssel	54	"
1 Pfund feines Stärkemehl	20	"

Das späte 19. Jahrhundert:

Zur Mitte des 19. Jh. sind neben den im Landshuter Ausstellungskatalog zitierten Formen von Schnupftabakgläsern auch noch die grauen und pastellfarbenen Bein- und Trübgläser der auf diese Farben spezialisierten Schachtenbachhütte zu erwähnen. Gegen das letzte Viertel des Jahrhunderts dürften dann aber wohl alle bekannten Typen aufgetaucht sein, da die Glaskunst in Bayern wie in Böhmen zu dieser Zeit mit wiedererstandenen und verbesserten Techniken einen neuen Aufschwung erhielt.

Vor allem der Einfluß hervorragender Glasmacher aus den nahen Böhmerwaldhütten, die von bayerischen Hüttenherren angeworben wurden, hatte auf die Bayerwalderzeugnisse große Wirkung. Dazu hatten sich bereits gegen Mitte des 19. Jh. Glasveredler aus den berühmten nordböhmischen Glaszentren im Zwieseler Raum niedergelassen und Privatbetriebe eröffnet. Als Beispiele dazu können die Schleifereien von Gaschler und Schiedermeier und die Malerwerkstätten Gärtler und später Ulbrich in Zwiesel dienen.

So zeigen uns die Gläser des späten 19. Jh. ein im wahrsten Sinne des Wortes buntes Bild. Das Aufleben venezianischer Glastechniken kam der Farbenfreude und Spielerei mit ausgefallenen Techniken entgegen. Neben den vielfarbigen Überfanggläsern griffen die Glasmacher auch die prachtvollen Fadentechniken auf. Bald gehörten Filigrangläser, die „Mascherl", zu den beliebtesten Feiertagsgläsern, daneben entwickelte sich aber auch die eigenständigere Technik des Auflegens gerader, farbiger Glasbänder (Band'lglasl), die dann gerne beim Blasen verdreht wurden (G'schnürlte). Auf eine der ältesten Verzierungsarten überhaupt gehen die sog. „g'rissnen" Glasl zurück. Mit der Herstellung von Spinnvorrichtungen wurde die Technik des dichten und feinen Umspinnens mit einem Glasfaden (G'sponnene) verbreitet. Diese Vorrichtungen werden wohl in den meisten Hütten eingesetzt worden sein. Nachweise durch ausgegrabene Scherben und Überlieferungen alter Glasmacher liegen z. B. aus der Seebachhütte, der Spiegelhütte, aus Oberfrauenau und Spiegelau vor.

Infolge weiterer venezianischer Einflüsse, nämlich des Aventuringlases, wurden der Glasmasse gold- oder silberfarbene Glimmerblättchen aus dem heimischen Urgestein beigemengt, der Volksmund spricht dabei von „Flinsglasln". Zuerst sollen sie angeblich in der Schachtenbachhütte entstanden sein. (Lit. 3). Durch Auflegen und Verschmelzen verschiedenfarbiger Glassplitter erzeugte man die sog. „Schwartenmägen". Diese Technik war schon im 18. Jh. bei Schnapsflaschen aus Emailglas, die gerne blaue Tupfer erhielten, nicht selten.

Aber auch die flachlinsige Grundform der Schnupftabakgläser erfuhr verschiedene Wandlungen; es entstanden Birnen-, Geigen- und Ringformen. Von besonderer Bedeutung ist dabei die sog. „Neidfaust", die freigeformte Nachbildung einer zur Faust geballten Hand mit gekniffenem Daumen, die als Glasgefäß auf venezianische Vorlagen zurückgeht, obwohl die symbolträchtige Geste sehr viel älteren Ursprungs ist.

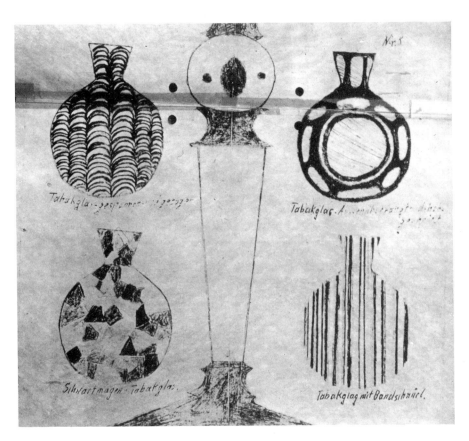

Abb. 23:
Skizzen des
Glasmachers Graßl

Zahlenmäßig eine sehr wichtige Gruppe wurde die der optischen Gläser mit eingestochenen Blasen (Bladerl) oder hohlen Wendeln (Hohlg'schnürlte).

Neben den Glasmachern waren die Veredler mit mancherlei eigenständigen Neuerungen am Werk. Der Grundschliff – Spiegel auf beiden Fronten, an den Seiten ein Flächen- bzw. Eckenschliff –, wurde schon seit längerer Zeit ergänzt mit Steinelungen, Stern-, Strahlen- und Walzenschliff. Leider beschränkte sich der edle Glasschnitt meist nur auf florale Dekors und z. T. kalligrafisch recht gut ausgeführte Initialen. Seltener sind uns figurale Darstellungen erhalten.

Weitere Formen der Glasveredelung waren Ätzungen (meist in rubinrot) und, am meisten verbreitet, die Emailmalerei. Berufs-, Namens- und Ortsbezeichnungen, Zunftzeichen und Devisen gaben eine persönliche Darstellung des Besitzers neben Blumen- und Tiermotiven. Die feineren Malereien führte man meist in Flachfarben auf Emailgrund aus. Die Schliffkanten wurden mit Glanzvergoldung herausgehoben, die Spiegel mit Emailpunkten oder sogar Glasperlenbesatz umrahmt, eine Technik, die aus dem böhmischen Haida herstammen soll.

Gegen Ende des 19. Jh. finden sich dann auch wieder Hinweise auf eine hüttenmäßige Fertigung von Schnupf-

tabakgläsern. Besonders interessant ist dabei, daß anscheinend der Herstellungsprozeß durch eine Verarbeitung „von der Stange" erheblich vereinfacht wurde. Ausgrabungen von Herrn Schmidt aus Zwiesel in Spiegelau zeigen ganz deutlich etwa 30 mm starke röhrenförmige Stücke in verschiedenen Techniken, die als Halbfertigfabrikate jederzeit in Stücke geschnitten und an einem sog. „Nabel" zu Schnupftabakgläsern weiter verarbeitet werden konnten. (Abb. 32).

Die Scherben, unter denen übrigens zahlreiche mißlungene Büchsl waren, weisen auf eine enorme Produktion von breitgeschnürlten und doppelt überfangenen Gläsern in Spiegelau um 1900 hin. Der alte Glasmacher Graßl hat von einer Produktion von hohlgeschnürlten Gläsern im gleichen „Stangenverfahren", ebenfalls in Spiegelau, aus der Zeit um 1880 berichtet. Diese Technik soll nach den Aussagen des Glasmachers Alois Hasenknopf aus Frauenau noch bis 1910 auch in Oberfrauenau ausgeführt worden sein.

Die hübschen, mit Klarglasfaden umsponnenen Fadengläser waren sicher nicht die Spezialität nur einer Hütte. Genauere Hinweise habe ich aber nur über die 1902 geschlossene Seebachhütte, wie ausgegrabene Scherben bei Herrn Schmidt, und die Aussage des alten Pferdezüchters Weber, der ein angeblich dort um 1880 gefertiges Glasl von seinem Vater her noch im Besitz hat. Weitere Hinweise auf eindeutig der Zeit des ausgehenden 19. Jh. zuzuordnende Schnupftabakgläser geben uns datierte Exemplare, die jetzt häufiger auftauchen. Als Beispiele seien nur kurz aufgeführt ein annagelbes Bladerlglas (1890), ein Glas mit weißblauem Doppelüberfang (1895), ein großes Farbglas mit Devise (1896), alle übrigens mit dem obligaten Spiegelschliff.

In dem schier unerschöpflichen Archiv von Herrn Schmidt in Zwiesel sind uns Skizzen des Glasmachers Graßl von Schnupftabakgläsern erhalten, die dieser um 1895 in Oberzwieselau angefertigt haben soll.

Dabei handelt es sich um folgende Techniken (Bezeichnung nach Graßl):

„Tabakglas – gesponnen und gezogen
Tabakglas – Außenüberfangt und hohlgeschnürlt
Schwartmagen – Tabakglas
Tabakglas mit Bandschnürl".

Nicht bekannt ist leider, ob es sich um geschundene Stücke oder um eine Hüttenproduktion handelt.

Trotz der um die Jahrhundertwende neuentwickelten Glastechniken des Jugendstils, dessen Vorbilder – Gallé, Daum oder Tiffany – in Böhmen einen deutlichen Niederschlag fanden, ist bei den Schnupftabakgläsern kaum eine Auswirkung festzustellen. Die nahe böhmische Manufaktur der Fa. Loetz in Klostermühle wird als übermächtige Konkurrenz den Bestrebungen der bayerischen Hütten in Buchenau, Spiegelhütte, Oberzwieselau und Theresienthal, von denen vereinzelt herrliche und sehr eigenständige Kunstgläser im Jugendstil erhalten sind, einen Riegel vorgeschoben haben. Speziell bei den Schnupftabakgläsern wird auch der konservative Abnehmerkreis bei seinen Bestellungen auf die altüberlieferten Formen gepocht haben. Jedenfalls sind sie im typischen Jugendstil selten und auf gelegentliche Arbeiten aus den oben erwähnten bayerischen Hütten oder der böhmischen Hütte Loetz beschränkt.

Die Hüttenfertigung von Schnupftabakgläsern um 1900 in Spiegelau

Der Verteilungsplan des Hellmeierischen Prozesses belegt 1840 erstmals die Hüttenfertigung von Schnupftabakgläsern in Spiegelau. Es ist deshalb sehr wahrscheinlich, daß die Veredelungsbetriebe, wie die Schleifereien und die Malerwerkstätten auch in der zweiten Hälfte des 19. Jh. von dort ihre Rohlinge bezogen haben. Eine Preisliste vom 1. 10. 1900 (Lit. 16) dokumentiert aber schlüssig die Tätigkeit der Spiegelauer Hütte um die Jahrhundertwende und damit auch die zahlreichen Berichte von Zeitgenossen.

Bei der Liste, – im Vor- und Nachwort wird darauf hingewiesen, daß diese „neue" Preisliste alle „vorhergehenden" außer Kraft setzt –, handelt es sich um eine sehr detaillierte Aufstellung von 115 verschiedenen Typen von Schnupftabakgläsern. Die Preise sind für Großabnehmer per 100 Stück frei Bahnstation Spiegelau festgelegt, das Zahlungsziel ist drei Monate bei 3% Skonto. Neben den 115 Arten normal großer Gläser sind 5 Nummern großer, sog. Gesellschaftstabakgläser mit ca. 15 cm Durchmesser vorgestellt mit dem Hinweis, daß derartige Gläser auch bis zu 40 cm gefertigt werden. Als Kennzeichen werden aufgeführt

– Farbe
– Form
– Schliff
– Dekor
– allg. Hinweise.

Leider ist es trotz der verwendeten Bezeichnungen nicht leicht, die Glastypen exakt zu bestimmen, deshalb sollen hier wenigstens einige aufschlußreiche Merkmale herausgegriffen werden:

Die Farbpalette reicht sehr weit vom „weiß" (Klarglas), türkischblau, „alabaster" (Trübglas), hell- und dunkelgrün, hell- und dunkelblau, über hell-, dunkel- und schwefelgelb, rosa, rubinrot, bis zu mehrfachen Überfängen in „Email", Kupferrot, Blau und Grün. Die Form ist grundsätzlich festgelegt auf „rund, oval und flach", vereinzelte Ausnahmen sind bezeichnet „rund und flach", „flach" und „glatt".

Der häufig ausgeführte Schliff unterscheidet zwischen „ordinär" (einfacher Eckenschliff?) und „Facetten" (Keilschliff), die als Dekorvermerk oft die Bezeichnung „fein" erhalten. Ungeschliffene Farbgläser werden als „ordinär glatt" bezeichnet. Weitere ungeschliffene Typen finden wir „mit Perlen" (Bladerl), „gepreßt" (in der Form geblasen), „mit hohlen Schnüren" (Hohlgeschnürlte), „umsponnen" (hier ist nicht klar, ob es sich um Farbgläser mit gesponnenen Emailfäden oder um Fadengläser mit gesponnenen Klarglasfäden handelt!), „geschlossene" und „offene Bänder" (Bandlgläser, erstere sind teurer, weil hier sorgfältiger gearbeitet werden muß) und „verschnürlt" (Breitgeschnürlte). Weitere ungeschliffene Arten sind auch, vermutlich aber ganz primitiv (Preis!), verziert mit „schnupfenden Bauern", „Abziehbildern", „Edelweiß" und mit „Sprüchen". Hier wird es sich weniger um eingebrannte Email-, als eher um Kaltmalerei gehandelt haben. Vielleicht stammen die Darstellungen aber auch grundsätzlich von Abziehbildern.

Neben den großen Gesellschaftsgläsern wurde die Normalgröße anscheinend auch noch nach unten variiert, da einige Nummern den Vermerk „für Kinder" tragen. Da nicht anzunehmen ist, daß diese Gegenstände nur

Ziercharakter trugen, kann man davon ausgehen, daß die Schnupferei sogar im jugendlichen Alter verbreitet gewesen sein muß (Lit. 1).

Die folgende gegenüber der Preisliste etwas umgestellte Tabelle gibt einen recht übersichtlichen Eindruck über die verschiedenen Varianten:

Preisliste Spiegelau 1900

Farbgläser ungeschliffen:		
halbweiß	minderes Glas nur ungeschliffen!	5 Pf
weiß		6.5/20 Pf
türkischblau		12/25 Pf
alabaster		8/23 Pf
hellgrün	alle Farben in einer	8/23 Pf
dunkelgrün	billigeren Variante	8/23 Pf
hellblau	„glatt und gestr."	9/23 Pf
dunkelblau	und einer teureren	9/23 Pf
hellgelb	„ordinär glatt"	8/23 Pf
dunkelgelb		8/23 Pf
schwefelgelb		15/25 Pf
rosa oder rubinrot		25 Pf

Farbgläser geschliffen:		
alle Farben	Schliffvarianten	
	„ordinär"	30–45 Pf
	„Facetten"	45–70 Pf
	„Facetten fein"	90–110 Pf

Überfanggläser:		
„zweifärbig" email	Schlifftypen	
blau	„Facetten"	70 Pf
kupferrot	„Facetten fein"	120 Pf
„dreifärbig" grün	„Facetten"	120 Pf
blau	„Facetten fein"	180 Pf
email		
gelb		

gepreßte Gläser:		
alle Farben:		9,5/35 Pf

mit Perlen:		
weiß		
hellgrün		
dunkelgrün	nur ungeschliffen	9,5/30 Pf
hellblau		
hellgelb		
schwefelgelb		

mit hohlen Schnüren:		
weiß		
hellgrün	ungeschliffen	30–50 Pf
hellblau	geschliffen	60–80 Pf
hellgelb		
schwefelgelb		
rubinrot		

umsponnen:		
rosa	nur ungeschliffen	60 Pf
blau		

geschlossene und offene Bänder:		
verschiedene Farben	nur ungeschliffen	25/30 Pf

verschnürt:		
verschiedene Farben und hellblau	nur ungeschliffen	14,5/20 Pf

Emailbänder:		
dunkelblau	geschliffen und	75 Pf
rosa	ungeschliffen	30 Pf

schnupfende Bauern:		
einfärbig und verschnürlt nur ungeschliffen		32/38 Pf

für Kinder:		
verschiedene Farben	ungeschliffen	5–6 Pf
	geschliffen	22–45 Pf

für Kinder verschnürt:		
verschiedene Farben	nur ungeschliffen	11 Pf

Abziehbilder, Edelweiß, Sprüche:		
„färbige"	nur ungeschliffen	30–40 Pf

Gesellschaftsgläser:		
Farbglas	ungeschliffen	35 Pf
Farbglas	geschliffen	120 Pf
verschnürlt	ungeschliffen	65 Pf

Für die hier anzustellenden Betrachtungen sind vor allem folgende Einzelheiten von Bedeutung:

Die Gläser wurden wahlweise geschliffen oder ungeschliffen angeboten. Heimbetriebe, wie z. B. die Zwieseler Schleifereien hatten also die Möglichkeit, auch die billigen Rohlinge zu erwerben. Neben dem üblichen Farbglas (interessant ist die Unterscheidung bei den Gelbtönen, hier ist sicher auch das Annagelb enthalten!) wurden auch Trübglas („Alabaster", also vermutlich nur in hellgrau) und verschiedene Überfänge geführt. Ich nehme an, daß bei der Bezeichnung „zweifärbig" auch die Klarglasschicht mitgezählt wurde. Einfache überfangene Gläser waren somit mit weißem („Email"), blauem und kupferrotem Außenüberfang zu haben. Die rosafarbenen und rubinroten Farbgläser aber werden wegen des höheren Glaspreises bei diesen Farben nicht einschichtig, sondern hauptsächlich als Innenüberfang ausgeführt worden sein. Bei den „dreifärbigen" Gläsern wird es sich um die so zahlreichen Doppelüberfanggläser gehandelt haben, bei denen die eigentliche Farbe über einer Emailschicht liegt. Auch hier wurde das Klarglas also mitgezählt. Als Beweis dafür mag gelten, daß die „dreifärbigen" Gläser immer nur eine kennzeichnende Farbe, z. B. Grün, Blau oder Gelb aufweisen. Da das Rosa oder Rot fehlt, muß hier die ansonsten unerkliche, in diesem Kreis aber aufgeführte Bezeichnung „Email" herangezogen werden.

Sehr interessant ist natürlich, daß die Farbgläser auch als „gepreßte", d. h. in der Form geblasene Varianten vorlagen. Die Verbreitung heute noch zahlreicher Typen belegt einige Formen, wie z. B. die Nr. 86. Einen großen Anteil hatten die Gläser mit „Perlen" und „hohlen Schnüren", die in fast allen Transparenzfarben angeboten wurden. Wie üblich sind auch hier die rosa und rubinroten Gläser weitaus teurer als die andersfarbigen.

Im Augenblick noch nicht festzulegen sind die „Umsponnenen". Da es aber keine geschliffene Ausführung gegeben hat, könnten hier vielleicht doch die zierlichen Fadengläser mit Klarglasfaden umsponnen und mit Fuß gemeint sein (Nr. 36 f). Keinen Hinweis habe ich auch auf die einfachen Verzierungen mit unterschiedlichen

Motiven, da diese Glastypen immer nur ohne Schliff ausgeführt sind. Die heute bekannten Gläser mit Malerei weisen nämlich in aller Regel den üblichen Spiegelschliff auf. Wenn aber in Spiegelau auch eine ordentliche Emailmalerei ausgeübt worden wäre, hätte man sich natürlich nicht auf die Veredelung von nur ungeschliffenen Gläsern beschränkt. Es ist daher anzunehmen, daß es sich hier um einfachste Abziehbild- oder Kaltmalereitechniken gehandelt hat.

Mascherl- oder Filigrangläser sind überhaupt nicht enthalten. Es könnte demnach sein, daß diese Technik erst um 1905 in der Hütte geführt wurde, wenn es nicht überhaupt bei der „Schinderware" geschickter Glasmacher geblieben ist.

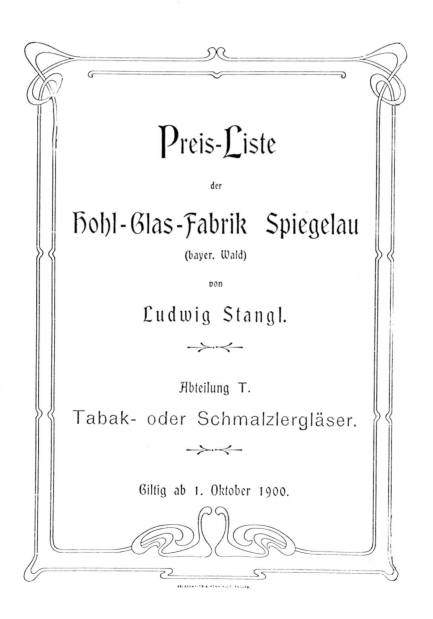

Abb. 24:
Titelseite der
Spiegelauer
Preisliste

Die Hüttenfertigung von Schnupftabakgläsern von 1900–1905 in der Spiegelhütte

Ein ganz außerordentlich aufschlußreiches Dokument über die ersten Jahre des 20. Jh. aus der Spiegelhütte bei Lindberg entdeckte ich im Juli 1976 bei dem alten Glasmacher Josef Gaschler in Lehen.
Josef Gaschler, Jahrgang 1896, erlernte ab 1909 in der Spiegelhütte, einem Tochterbetrieb der Poschingerhütte Buchenau, die Glasmacherei und hatte dort gelegentlich auch Büchsl geschunden. Bei seiner späteren Tätigkeit in Buchenau, in der Gistlhütte in Frauenau und zuletzt bis zu seinem 66. Lebensjahr bei den Schottwerken in Zwiesel war dies aber kaum mehr der Fall gewesen. Ganz detaillierte Hinweise konnte er mir aber durch das Lohnbüchl („Kostgeldbüchl", wie er es bezeichnete) seines Vaters geben, das dessen Arbeit in der Spiegelhütte von 1900 bis 1904 genauestens dokumentiert (Lit. 19).
Der Vater, der Glasmacher Joachim Gaschler (1863–1919), stammte aus Oberzwieselau und war bis 1910 in der Spiegelhütte tätig, wo er einen großen Teil seiner Arbeitszeit mit dem „Büchslmachen" verbrachte! Vom August 1900 bis zum Juli 1904 fertigte er insgesamt über 28 000 Schnupftabakgläser! Da im Lohnbüchl in der Zeit vom Februar bis August 1900 überhaupt keine, später aber ganz regelmäßig eine derartige Fertigung registriert ist, könnte man vermuten, daß die Hüttenproduktion dieser Gegenstände tatsächlich erst im August 1900 aufgenommen wurde. Mit dem Juli 1904 enden die Eintragungen, da ab diesem Zeitpunkt Lohntüten ausgegeben wurden. Herr Josef Gaschler berichtete aber, daß um 1909, als er in der Spiegelhütte die Arbeit aufnahm, schon lange keine Glasl mehr hüttenmäßig produziert wurden. Leider ist ihm aus der Hand seines Vaters kein einziges Stück erhalten geblieben.
Die Eintragungen im Lohnbüchl sind in glashistorischer,

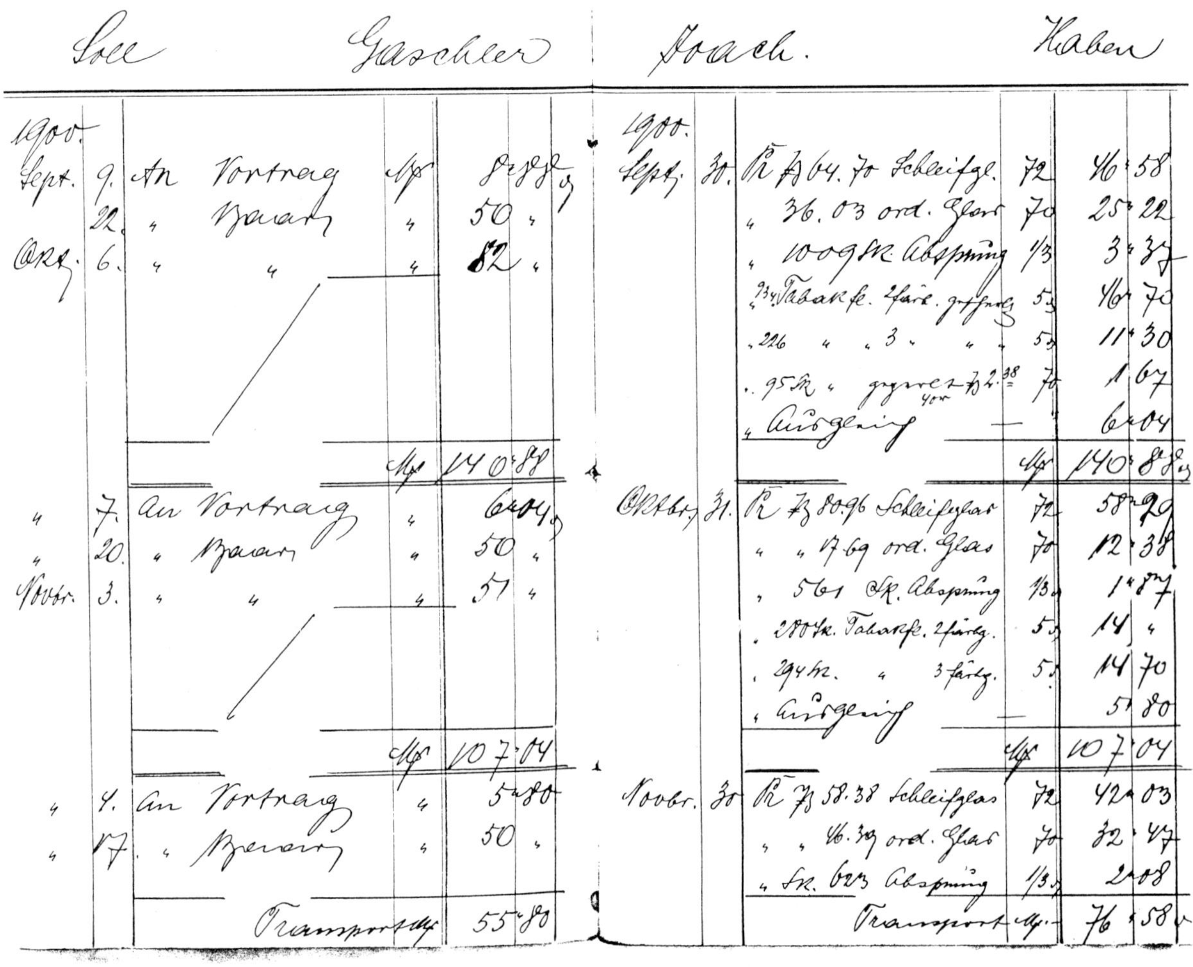

Soll Gaschler Joach. Haben

1900 Sept.	9.	An Vortrag	M	8.88
	22.	" Baar	"	50
Oct.	6.	" "	"	82
			M	140.88
"	7.	An Vortrag	"	6.04
"	20.	" Baar	"	50
Novbr.	3.	" "	"	51
			M	107.04
"	4.	An Vortrag	"	5.80
"	17.	" Baar	"	50
		Transport	M	55.80

1900 Sept.	30.	R. M 64.70 Schleifgl.	72	46.58
		" 36.03 ord. Glas	70	25.22
		" 1009 St. Absprung	1/3	3.37
		" 234 Tabakfl. 2färb. gesprengt	5	46.70
		" 226 " " 3 " "	5	11.30
		" 95 St. " gepreßt 2.38	70	1.67
		" Ausgleich	—	6.04
			M	140.88
Oktbr.	31.	R. M 80.96 Schleifglas	72	58.29
		" " 17.69 ord. Glas	70	12.38
		" 561 St. Absprung	1/3	1.87
		" 280 St. Tabakfl. 2färbig.	5	14
		" 294 St. " 3färbig.	5	14.70
		" Ausgleich	—	5.80
			M	107.04
Novbr.	30	R. M 58.38 Schleifglas	72	42.03
		" " 46.39 ord. Glas	70	32.47
		" St. 623 Absprung	1/3	2.08
		Transport	M	76.58

Abb. 25:
Auszug aus dem Lohnbuch des Glasmachers Gaschler in der Spiegelhütte

technologischer, aber auch soziologischer Hinsicht so interessant, daß es angebracht ist, genauer darauf einzugehen!

Im Zeitraum vom August 1900 bis Juli 1904 führte der Glasmacher Joachim Gaschler folgende Techniken an Schnupftabakgläsern mit unterschiedlichem Entgelt aus:

27 393 Stück Tabakgläser, bezeichnet als „zwei-" und „dreifärbig", als „Ordinari", als „geschnürlt", etc.	Stücklohn	5 Rpf
95 Stück Tabakgläser „geperlt" (= 2,38 Schock!)	Schocklohn	70 Rpf
500 Stück Tabakgläser „hohlgeschnürlt"	Stücklohn	17 Rpf
153 Stück Tabakgläser „überfangen"	Stücklohn 5 u.	9 Rpf
49 Stück Tabakgläser „dreifärbig Bandel"	Stücklohn	9 Rpf
31 Stück Tabakgläser „rosaglatt"	Stücklohn	9 Rpf
31 Stück Tabakgläser „marmoriert"	Stücklohn	15 Rpf

Bemerkenswert ist die prozentuale Verteilung auf die einzelnen sehr vielseitigen Techniken. Die erste Gruppe, meist mit „zwei-" und „dreifärbig", manchmal mit „zwei- und dreifärbig geschnürlt", mit „ordinari-geschnürlt", mit „geschnürlt" oder ganz einfach mit „ordinari" bezeichnet, umfaßt wohl hauptsächlich den Typus der breitgeschnürlten Gläser, sicher sind aber auch einfache Farbgläser enthalten. Ich nehme an, daß die Gruppe der „überfangenen Tabakgläser" nur solche mit Außenüberfang enthält. Bei den „geperlten Tabakgläsern" wird es sich wohl um die Bladerl- bzw. Perlgläser handeln, die zu dieser Zeit aber schon im Schatten der hohlgeschnürlten und überfangenen Gläser standen. Interessant ist, daß nur sie wie Ordinärglas im Schock entlohnt wurden. Der Eintrag weist übrigens nach, daß 40 derartige Gläser auf ein Schock gingen.

Ein Eintrag im November 1900, bei dem die ersten hohlgeschnürlten Glasl noch zu 12 Rpf entlohnt wurden, wird mit einem Nachtrag im Dezember auf 17 Rpf korrigiert. Vielleicht ein Hinweis darauf, daß die doch recht komplizierte Herstellung beim erstenmal durch eine zu niedrig angesetzte Entlohnung unterschätzt wurde. Im Verhältnis zu den übrigen Techniken sind die Hohlgeschnürlten eigentlich zu gering vertreten, wenn man die heutige Verbreitung dieser Gläser aus der damaligen Zeit im Vergleich z. B. zu den Geschnürlten betrachtet. So ist anzunehmen, daß ein Ausgleich durch die Produktion mehrerer auf diese Fertigung besser spezialisierter Hütten – darunter Spiegelau – stattgefunden hat.

Die Bezeichnung „rosaglatt" bezieht sich nach der Angabe von Herrn Josef Gaschler auf Gläser mit rosa Innenüberfang. Bei den „marmorierten" soll es sich nicht um die üblichen Schwartenmägen gehandelt haben, worauf ja auch der relativ hohe Stückpreis von 15 Rpf hinweist,

sondern vielmehr um Achat- oder Marmorgläser aus einer härteren, schwierig zu verarbeitenden Glasmasse.

Wertvoll scheint auch eine kurze Betrachtung über den Anteil der Glasl am Gesamtverdienst. Im überlieferten Zeitraum wurden 28 252 Stück zu einem Gesamtstücklohn von 1479,56 RM angefertigt. Der Gesamtverdienst in dieser Zeit (46 Monate) betrug 5278,06 RM, der durchschnittliche Monatslohn also etwa 115 RM. Der Anteil der Schnupftabakgläser am Gesamtlohn betrug ca. 28%, was dem Anteil an der Arbeitszeit wohl ungefähr entsprechen wird. Maximal betrug die Monatsproduktion 1695 Stück im August 1902, was einen Anteil von 50% an der Arbeitszeit dieses Monats ausmachte.

Neben den Schnupftabakgläsern fertigte Joachim Gaschler folgende Glaswaren, die meist im „Schock", einem je nach Schwierigkeitsgrad unterschiedlichen Mengenmaß, entlohnt wurden:

Schleifglas	zu 72 Rpf je Schock
Ordinärglas (nachträglich nicht weiter veredelte Glaswaren, z. B. Bierkrüge)	zu 70 Rpf je Schock
Überfangglas	zu 115 Rpf je Schock
Absprung (Entfernen von Glasresten über Becherkuppa)	zu 1/3 Rpf das Stück

In Anbetracht der wirklich enormen Anzahl innerhalb von nur vier Jahren angefertigter Schnupftabakgläser in der Spiegelhütte wäre es natürlich von großer Wichtigkeit, genaueres über diese Stücke zu erfahren. Leider gibt uns aber nicht einmal der Bericht über die Glasmalerwerkstatt Ulbrich darüber Auskunft, da die Aussagen von Herrn Adolf Ulbrich sich nur auf die Zeit um 1905–1910 erstrecken. Sein Hinweis, daß zu diesem Zeitpunkt keine Schnupftabakgläser in der Spiegelhütte gefertigt wurden, deckt sich ja mit den Aussagen von Herrn Josef Gaschler.

Um wenigstens einen Versuch zu machen, genauere Details über die Gläser der Spiegelhütte in Erfahrung zu bringen, sammelte ich im August 1976 mit meiner Familie einige Glasscherben neben der ehemaligen „Schleif", die zu diesem Zeitpunkt gerade als Ausstellungsgebäude für Tierpräparate renoviert wurde. Die dabei angefallenen Erdbewegungen und der nahe Bach, der vielleicht einmal die Schleifräder getrieben hat, erleichterten das Vorhaben. (Abb. 33).

Die Abbildungen der ausgegrabenen Glasscherben, die wohl aus der Zeit um 1910–1925 stammen dürften, zeigen eine große Farbglaspalette, Fadentechniken und Jugendstilelemente. Beim transparenten Farbglas fällt das lichte aquamarinblau auf, das bei Schnupftabakgläsern nicht allzu häufig vorkommt. Von großer Bedeutung sind aber auch die zahlreichen opaken Farbglastypen. Dabei sind die trüben Alabastergläser in Hell-

Abb. 26: Spiegelhütte um 1930

grau, Rosa, Hellgrün und Hellblau zu unterscheiden von den opaken Tönungen in Kanarigelb, Kaiserrot, Orange und Grün, die grundsätzlich als Innenüberfang verarbeitet wurden. Formglasscherben zeigen uns Römer mit hellgrünem Fuß, Halbekrügel mit dunkelblauen Glastupfern und hellgrünen freihandumsponnenen Fäden, Weingläser mit antikgrünem oder hellblauem Fuß, sog. Zwieseler Tassen in Hellrot mit schwarzwirkenden (dunkelvioletten) Glaswarzen. Recht interessant sind Scherben mit Fadentechniken, darunter ein Bruchstück, das den Kragen eines dunkelblau und opak-gelb geschnürlten Schnupftabakglasls andeutet, und der Henkel eines Weihwassergefäßes (?) in Filigrantechnik mit opaken Fäden in Gelb-Rot-Grün. Gelegentliche Scherben von Jugendstilgläsern in lüstrierenden Tönungen in Violett, Stahlblau und Grün belegen die Bedeutung dieser Spezialität der Ferdinand-von-Poschinger'schen Manufakturen Spiegelhütte und Buchenau.

Die Glasmalerwerkstatt Ulbrich in Zwiesel 1889–1926

Im August 1976 vermittelte mir Herr Oskar Ulbrich liebenswürdigerweise ein Gespräch mit seinem sechsundachtzigjährigen Vater Adolf Ulbrich, dem letzten noch lebenden Familienmitglied, das noch selbst in der früher weithin bekannten Glasmalerwerkstatt gearbeitet hat.

Die Aussagen des alten Herrn waren so bedeutsam und detailliert, daß sie hier in vollem Umfang wiedergegeben werden sollen. Im übrigen wird auf die im Wesentlichen gleichlautenden Erhebungen von Herrn Dr. Haller verwiesen, die dieser 1971 in der Zeitschrift „Der Bayerwald" veröffentlicht hat (Lit. 5).

In Schaiba, in der Nachbarschaft des berühmten nordböhmischen Glasmacherortes Haida, führten die Ulbrichs zu Anfang des 19. Jahrhunderts eine Glasschleiferwerkstatt. Der bayerische Hüttenherr Steigerwald holte im Jahr 1844 den Großvater Heinrich Ulbrich (1826–1910) als Glasschleifer nach Schachtenbach bei Rabenstein. (Die Anwerbung böhmischer Glasmacher und -veredler in die Bayerwaldglashütten war bis ins 20. Jh. übrigens keine Seltenheit. Vor allem aus dem nahen Eleonorenhain kamen viele gute Kräfte, wie z. B. 1880 der Blechinger Karl und viele andere). Über 50 Jahre war dieser dann im Dienst der Steigerwalds tätig. Nach Aufgabe der Hütte in Schachtenbach um 1865 arbeitete er in Rabenstein und später in der Regenhütte.

Sein Sohn Heinrich (1853–1910) erlernte in Zwiesel bei Verwandten aus Nordböhmen, den Gärtlers, die Glasmalerei und besuchte anschließend die Glasfachschule in Haida. Nach einer Beschäftigung als Glasmalermeister in der Regenhütte und Spiegelhütte bei Lindberg machte er sich, als es im letzten Arbeitsverhältnis zu Zerwürf-

42

Abb. 27:
Eröffnung der Glasmalerwerkstatt Ulbrich in Zwiesel

nissen kam, zum 8. August 1889 in Zwiesel selbständig. Im jetzt noch erhaltenen Haus am Anger richtete er seine Werkstatt und einen Glasverkauf ein. Neben den Glasmalerabteilungen der Hütten führte er über lange Jahre den bedeutendsten Heimbetrieb dieses Gewerbes in Zwiesel. Einem Lehrling namens Wolf folgten später die Gehilfen Langer, Frisch und Hofmann.

Zu Anfang des 20. Jh. arbeiteten die Söhne Heinrich und Adolf im Geschäft mit, das der Erstere mit dem Tod seines Vaters 1910 übernahm und bis zu seinem eigenen Tode im Jahr 1920 führte. Der Bruder Adolf (geboren 1890) besuchte zunächst die eben errichtete Glasfachschule in Zwiesel und begann dann, da dieser Abschluß seinerzeit noch wenig Beachtung fand, eine Glasmalerlehre in der Spiegelhütte. Die Tätigkeit im Akkordlohn, die wenig mit den künstlerischen Gestaltungen in der Glasfachschule gemein hatte, sagte ihm aber nicht zu, und so ging er nach dem ersten Weltkrieg in den Staatsdienst nach München. Während des Krieges wurden die meisten Lagerbestände für Lebensmittel verhamstert; von 1914 bis 1918 lag die Werkstätte still. In den zwanziger Jahren wurde sie durch Verwandte pachtweise weitergeführt, aber als dann aus Konkurrenzgründen die Glashütten, die ebenfalls schwere Zeiten zu durchstehen hatten, kein Rohglas mehr an Heimbetriebe lieferten, kam es 1926 zur endgültigen Geschäftsaufgabe.

In der Werkstatt, so erinnerte sich der zur Zeit meiner Befragung sechsundachtzigjährige Adolf Ulbrich, wur-

den hauptsächlich Bierkrüge, Trinkgläser, Andenkenbecher und vor allem Schnupftabakgläser bemalt. Mit etwa 18 Jahren (also um 1908) holte er noch selbst die Rohlinge in Spiegelau beim Fabrikanten Hilz und in der Riedlhütte ab. Im Zwieseler Raum sollen um diese Zeit außer gelegentlich geschundenen Stücken keine Schnupftabakgläser mehr hergestellt worden sein. Ein Rohling dürfte je nach Farbe und Technik zwischen 10 und 50 Pfennig (s. Preisliste Spiegelau!) gekostet haben. Mit dem Leiterwagen gings dann zu den Schleifereien Ludwig Gaschler in Zwiesel oder Josef Schiedermeier in Außenried. Letztere Werkstatt soll die meisten Schnupftabakgläser geschliffen haben, wobei die Seiten der Glasl entweder im Ecken- oder im Keilschliff ausgeführt wurden. Die Schleifkosten werden vermutlich je nach Qualität um 10 bis 20 Pf gelegen haben.

Von einer Schleiferei Schiedermeier in Zwiesel, die von einem Bruder des Außenrieders geführt wurde, soll es übrigens folgenden Ausspruch gegeben haben: Von einem, der untätig herumstand, sagte man: „Der wart' wia der Schiedermeier auf's Wasser!" Dessen „Schleif" wurde nämlich mit Wasserkraft betrieben. Da aber das Bachl trotz Aufstauung wohl nicht genug hergab, mußte zwischendurch immer wieder einmal mit der Arbeit ausgesetzt werden.

Die geschliffenen Tabakgläser wurden zunächst mit einem Emailspiegel versehen. Die Rißvorlagen oder Schablonen, mit bäuerlichen Szenen, Tiermotiven, Zunftzeichen, Blumensträußen etc. waren auf leichtem Papier vorgezeichnet. Die Rückseite wurde mit Grafit eingerieben und die Vorlage mit einem Horn-, später auch mit einem Elfenbeinstift auf den Emailgrund durchgepaust, der dann mit Flachfarben ausgemalt wurde. Im Archiv von Herrn Adolf Ulbrich sind noch zahlreiche dieser Vorlagen erhalten, wobei nicht selten identische Darstellungen auf heute noch erhaltenen Schnupftabakgläsern deren Herkunft eindeutig beweisen (vgl. Nr. 122). Die Darstellungen stammen z. T. aus Büchern, Zeitungen oder Drucken (vgl. das Metzgerzunftzeichen), sollen aber auch aus der alten Haida-er Tradition überliefert sein, woher auch das besondere Merkmal der Ulbrich'schen Verzierung von Tabakgläsern, die Emailpunkte um die Spiegel, herstammen soll.

Gebrannt wurde nachts in zwei Öfen. Dabei war es nicht einfach, die richtige Temperatur zu halten. Wenn die Farben schmolzen (zu glänzen begannen), war der richtige Zeitpunkt erreicht. Wartete man zu lange, wurde auch der Glaskörper zu heiß und verlor die Form.

Die Emailfarben stellte man aus Farbglas aus Haida her, das man selbst zerrieb und mit Terpentin versetzte. Auch das Glanz- und Poliergold wurde aus Haida bezogen. Heinrich Ulbrich soll im Besitz eines Rezeptes gewesen sein, durch das die im allgemeinen nicht sehr

Abb. 28:
Verschiedene Rißvorlagen für die Bemalung von Schnupftabakgläsern
aus der Werkstatt Ulbrich in Zwiesel (Archiv Ulbrich)

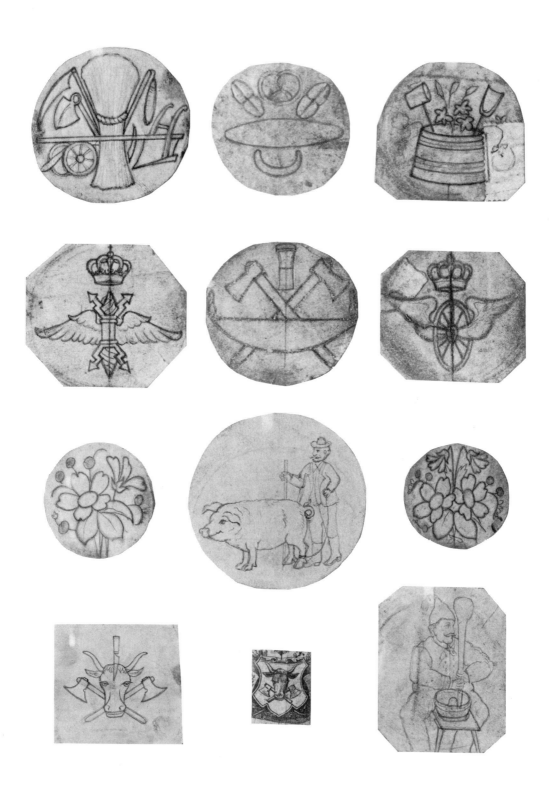

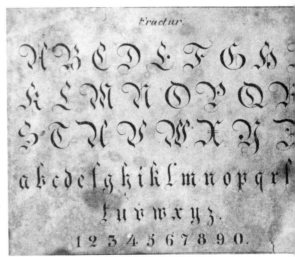

Abb. 29: Schriftvorlagen aus der Glasmalerwerkstatt Ulbrich (links „neugotisch", rechts „Fractur")

haltbare Glanzvergoldung wesentlich dauerhafter ausgeführt werden konnte. Außerdem hatte er von einem Spezialisten ein Patent erworben, das darüber Auskunft gab, wie man Fotografien auf Emailgrund anbringen und einbrennen konnte, ohne daß das Foto dabei Schaden litt (vgl. Nr. 109). Ein weiteres Kennzeichen der Werkstatt soll die exakt ausgeführte Schrift gewesen sein. Noch vorhandene Schriftschablonen der Werkstatt zeigen u.a. die Typen „neugothisch" und „Fractur". (Abb. 34 u. 35).

Von allergrößter Bedeutung sind die Eintragungen der gottseidank noch erhaltenen Geschäftsbücher (Lit. 20) der Werkstatt aus der Zeit von 1893–1913. Sie belegen, daß neben dem Ladenverkauf auch ein florierender Versandhandel getrieben wurde. Die mündlich erteilten Bestellungen wurden, nachdem die oft sehr speziellen Malereiwünsche sorgfältig ausgeführt waren, per Nachnahme zugeschickt. Der Anteil von Schnupftabakgläsern am Gesamtgeschäft war zeitweise absolut dominierend. Neben bemalten Gläsern führte man aber auch „blos Geschliffene" und unveredelte „Ordinär-Tabaksgläser". Von Anfang an wurden Verschlüsse, „Ringelstopfer" und Kälberschweife mitgeliefert, zwei Eintragungen zeigen sogar den Verkauf von „Brisiltabak" und echtem „Waldler-Schmalzler".

Die Auswertung eines von drei Geschäftsbüchern, die alle über den ungefähr gleichen Zeitraum geführt wurden, belegt nun folgendes:

Das Buch, geführt vom 15. 1. 1893 bis 1. 7. 1904, beinhaltet nur Bestellungen, die im Versand per Nachnahme erledigt wurden. Der Kundenkreis ist über die Adressen genauestens festzulegen. Es handelt sich um Wiederverkäufer, Ladengeschäfte, Gelegenheitshändler und um Einzelbesteller aus Arbeiter-, Bauern-, Handwerker-, aber auch Touristenkreisen. Man bestellte Einzelstücke nach eigenen detaillierten Angaben oder nach Motivvorlagen, ließ ausgesuchte, schon vorgefertigte Gläser mit Namensbezeichnungen versehen, wählte aber auch oftmals nur aus dem vorliegenden Sortiment einfachst bemalter oder überhaupt unveredelter Gläser. Im Berichtszeitraum dieses einen Geschäftsbuches wurden ca. 2200 Gläser verkauft, davon etwa 1600 mehr oder weniger sorgfältig bemalte. Es ist anzunehmen, daß im Direktverkauf im Laden eine noch größere Menge unbemalter und sicher auch noch eine große Zahl bemalter Gläser abgesetzt wurden. Wenn man die weiteren beiden Geschäftsbücher berücksichtigt, in denen allerdings weniger Schnupftabakgläser geführt sind, ergibt sich für die Zeit nur von 1893–1904 folgendes Bild:

	alle Tabak- gläser	nur be- malte	Bemerkungen
Geschäftsbuch 1 (15. 1. 1893 bis 1. 7. 1904)	2200	1600	auf 100 Stück gerundet!
Geschäftsbuch 2 (28. 2. 1893 bis 6. 6. 1910)	700	300	hier wurden nur die bis 1904 eingetragenen Stücke berücksichtigt (Gesamtzahl bis 1910 ca. 800)
Geschäftsbuch 3 (19. 1. 1893 bis 28. 12. 1913)	90	60	Wertung nur bis 1904, Gesamtzahl ca. 140
zusätzlicher Ladenverkauf bis 1904	3000	1500	geschätzt!
Gesamtproduktion bis 1904	6000	3500	geschätzt!

Schätzung des Verkaufs von Schnupftabakgläsern von 1893–1904 über die Firma Ulbrich in Zwiesel

Die Führung von drei verschiedenen Geschäftsbüchern dürfte mit den unterschiedlichen Verpackungs- oder Versandarten zusammengehangen haben, da das erste Geschäftsbuch nur Nachnahmesendungen, das zweite z. B. nur in Kisten verpackte Ware ohne Porto aufweist. Im dritten sind die Aufträge der Zwieseler Kundschaft enthalten, die direkt abgeholt wurden.

Die geschätzte Menge des Gesamtverkaufs wird angesichts der Produktionszahlen allein aus der Spiegelhütte eher zu niedrig angesetzt sein. Aber auch so ist der Charakter der gegenüber den Einzelstücken zu dieser Zeit dominierenden Massenfertigung von Schnupftabakgläsern eindeutig belegt!

Hochinteressant ist die sehr detaillierte Darstellung von Glastypen, Malereimotiven, der Kosten der Malerarbeiten und der Einzelpreise. Neben den beiden im Anhang beigefügten Tabellen über Glastypen und Malereimotive sollen hier einige typische und aufschlußreiche Aufträge wiedergegeben werden:

Eintrag 3. 3. 1893:	An Wolfgang Binder Vorarbeiter in Cham c/Michl Hirn Schmidmeister	
	2 Tabakgläser blau Flügelrad	2,60
1	″ antikgrün Flügelrad	1,30
1	″ blau Bretterstoß	1,30
2	″ blau Lokomotif	2,80
2	″ blau Kutscher & 2 Pferde	2,80
1	″ antik Mann Bierfaß	1,40
1	″ antik Bauernzeichen	1,40
1	″ antik Bauernzeichen groß	1,50
	Mark	15,10
1 Dutzend Ringelstopfer		1,—
Embalage		—,20
		16,30
Nachnahme-Rückporto		—,20
Summe	Mark	16,50

Eintrag 31.3.1893:	An Michl Hirn Schmidmeister in Cham	
	1 1/2 L Glas ff hohen Deckel	3,60
	1 Tabakglas antik nach Angabe	1,40
2	″ dunkelgrün hohl n. Ang.	3,40
2	″ annagelb hohl Perlen n. Ang.	3,80
1	″ weiß hohl Perlen n. Ang.	1,80
1	″ rubin hohl Perlen n. Ang.	1,90
1	″ 2-färbig weiß Email n. Ang.	1,90
8 Ringlstopfen		—,80
		18,60
Kistel & Nachnahme-Rückporto		—,40
Summe	Mark	19,00

Eintrag 22. 3. 1895:	An Josef Heubl Fabrikarbeiter in Wiesau	
	1 Tabakglas 2-färbig blau überfangt Nahmen & Fabrikgebäude	1,70
1	″ rosa Nahmen Flügelrad	1,50
Rückporto & Zustellung		—,20
	Mark	3,40

Eintrag 27. 5. 1896:	An Fa. Meinhart Nürnberg Spiegel & Spielwaren Engro Lager	
	3 Tabakgläser rosa geschlf. & bem.	3,—
3	″ dunkelgrün geschl. & bem.	2,70
3	″ bernstein geschlf. & bem.	2,70
3	″ blau geschlf. & bem.	2,55
3	″ antikgrün geschlf. & bem.	2,55
3	″ rosa blos geschliffen	1,80
3	″ rosa hohlversch. geschl.	2,40
3	″ dunkelgrün geschl.	1,50
3	″ blau geschliffen	1,35
3	″ antikgrün geschliffen	1,35
9	″ übersponnen sortiert	5,40
3	″ bandl blos geschliffen	1,80
3	″ bandl glatt	—,90
6	″ ordinär verschnürlt	—,90
3	″ weiß hohlverschnürlt	2,10
3	″ 2-färbig weiß Email	2,25
3	″ 2-färbig Kupfer	2,25
2	″ annagelb geschliffen	1,20
2	″ 3-färbig gelb	2,40
2	″ 3-färbig blau	2,40
1	″ 3-färbig aurora	1,20
1	″ 3-färbig Kupfer	1,20
Porto & Verpackung		1,20
	Mark	47,30

Eintrag 15. 11. 1897:	Herrn A. Wanninger Brauer Aidenbach	
	1 Gesellschaftabakglas antikgrün Namen und Bräuhandwerk f.f.	6,—
Verpackung und Rückporto		—,20
	Mark	6,20

Eintrag 30. 4. 1900:	Ludwig Krischl Berlin	
	1 Pfund echten Waldler Schmalzler	2,—
	1 Gesellschaftabakglas mit Namen & Schrift fein bemalt	3,—
	4 Tabakgl. klein mit Namen	4,—
6	″ Bandl	1,80
12	″ ordinärverschn.	2,40
1	″ azurblau	—,50
1	″ antik	—,50
2	″ übersponnen	—,60
		15,40
Postkisterl & Nachnahme-Rückp.		—,50
	Mark	15,90

47

Eintrag 9. 5. 1900: An Joh. Geiger Neukirchen bei
Mascherl Heil. Blut

6	Tabakgl.	rosa fein bemalt	6,—
4	"	annagelb fein bemalt	4,—
6	"	blau fein bem.	5,40
6	"	antik fein bem.	5,40
4	"	dunkelgrün	3,60
4	"	Mascherlgläser	10,—
4	"	rosa hohlverschnürlt	3,20
4	"	annagelb hohl	3,20
4	"	dunkelgrün hohl	3,20
4	"	weiß "	2,80
3	"	bandl	1,80
3	"	übersponnen	1,65
		Mark	50,25

Eintrag 27. 12. 1903: An Frau Maria Rankl Posthalters-
gattin in Frontenhausen
Niederbayern
1 Tabakgl. 3-färbig fein bemalen
mit Namen & Bauernzeichen
und Perlen 2,80

Eintrag 2. 5. 1904: An Johann Maier Straubing
Rosengasse No. 151

6	Tabakgl.	Gruß aus Straubing	5,40
6	"	2-färbig sortiert	4,80
6	"	geschliffen sortiert	3,—
6	"	mit Sprüchen	1,80
6	"	Bandlbixl	1,50
6	"	Bandlbixl schlechtere	1,20
6	"	ordinärverschnürlt	—,96
3	"	bemalt sortiert	2,70
3	"	übersponnen	1,65
3	"	Bandl geschliffen	1,80
24	Ringlstopfer		1,40
	per Nachnahme	Mark	26,31

Die Preise für unbemalte Gläser staffeln sich wie folgt:

Ordinärgeschnürlte (ohne Schliff)	—,15
bessere Bandl	—,25
geschliffene Farbgläser oder Bladerl	—,50
gesponnene	—,55
hohlgeschnürlte geschliffen farblos	—,65
hohlgeschnürlte geschliffen farbig	—,80
geschliffene Mascherl	2,50

und bei bemalten Gläsern (Preis für Malerei in Klammer):

Farbgläser mit einfacher Malerei	1,— (—,60)
Farbgläser mit Zunftzeichen	1,50 (—,90)
Hohlgeschnürlte mit Figuren	1,80 (1,10)
Hohlgeschnürlte mit Figuren u. Perlen	2,— (1,30)
Gesellschaftsglas mit Zeichen u. Namen	6,— (3,50)

Zuletzt soll noch auf besondere Bezeichnungen hingewiesen werden. Wie im Katalog von Spiegelau finden
wir hier den Ausdruck „verschnürlt", anstelle des heute
gebräuchlichen „geschnürlt" und „übersponnen" statt
„gesponnen". Gelegentlich ist auch der Mundartaus-
druck „Bixl" für Tabakglas eingesetzt (Mascherlbixl,
Bandlbixl). Im Gegensatz zum Spiegelauer Katalog heißt
es „annagelb" statt „schwefelgelb". Die bei alten Gläsern
häufige Darstellung „Flügelrad" weist vermutlich auf ein
Eisenbahnerzeichen hin, wo das Rad, wie bei den Elek-
trizitätswerken das Blitzzeichen, mit Flügeln und Krone
(Staatsbetrieb) versehen wurde. Auch bei den Farben
finden wir zahlreiche Spezialausdrücke. Das „Antikgrün"
oder einfach „Antik" wird wohl das auch heute noch
hergestellte Olivgrün (z. B. Theresienthal) bezeichnen,
fraglich sind in der genauen Abstufung das „Azurblau"
(Hellblau) und „Aurora" (Orangerot).

Die Situation um 1910 nach dem Bericht von Josef Blau

Wichtige Hinweise über Schnupfergewohnheiten und
Schnupftabakgläser in der Zeit vor dem ersten Weltkrieg
gibt uns auch Josef Blau in seinem Werk „Böhmer-
wäldler Hausindustrie und Volkskunst", wo er alle
Haupttechniken erwähnt (Lit. 1). Er schreibt:

„Der Tabak wird meist in flachen Glaseln in der Tasche ge-
tragen. Diese Gläser werden im bayerischen (!) Walde erzeugt.
Sie haben eine eigenartige Herstellungsweise und ihre Anferti-
gung beschäftigt eine Menge Arbeiter, die hier die verschiedensten
Ziertechniken zur Anwendung bringen.
Da gibt es zunächst Gläser von den verschiedensten Farben.
Dem Brisil sollen die roten Glaseln am besten zusagen, in denen
der „Kaiserliche" wieder zuviel eintrocknet; den tut man daher am
liebsten in weiße Gläser. Die schönsten roten Gläser sind die
Rubingläser. Die „Bladerlglasla" tragen in einer Zwischenschicht
bläschenartige Einschlüsse. Sie waren bei den Alten recht beliebt. Mancher Liebhaber wollte nur diese Gläser haben. Die
„geschnürlten" Gläser sind mit Glasfäden umsponnen, andere in
wechselnden Farben gebändert. Die Tabakgläser sind zudem von
verschiedener Größe und Form; von 4 bis 25 cm Durchmesser,
die kleinsten Arten birnförmig, die übrigen glatt, geschliffen und
ungeschliffen, leer und bemalt. Namen, Sprüche, Blumen, Ab-
zeichen sind häufig eingeschnitten oder in Farben aufgelegt …
Zu den oben angegebenen Arten von Fläschchen habe ich noch
nachzutragen, daß es auch Flinserlglasln (mit kleinen Metall-
plättchen in der Zwischenschicht), dann „Preßwürste" (marmorierten Aussehens) gibt. Die schönsten Gläser sind die, welche nach
altvenezianischer Art Bündel von farbigen Glasfäden und Glas-
bändchen um einen inneren Kern gedreht aufweisen. Ein solches
„Bandlglasl" kostete vor dem Krieg 5–8 Kronen. Diese Gläser
werden heutzutage nur mehr in den der Grenze nahe liegenden
bayerischen Glashütten um Zwiesel angefertigt.

Abb. 30:
Doppelüberfanggläser mit gleichem Schliffbild,
Spiegelau, um 1900 (Sammlg. Schaefer)

Abb. 31:
Fadenglas aus der Seebachhütte (?) um 1880
(Sammlg. Weber)

Abb. 32:
Bruchglas aus Spiegelau um 1900 als Hinweis auf die
Fertigung „von der Stange" (Archiv Schmidt)

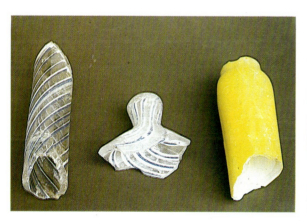

Abb. 33:
Bruchglas aus der Spiegelhütte um 1920
(Archiv Schaefer)

Abb. 34: Beschriftete Gläser um 1900 (Sammlg. Schaefer)

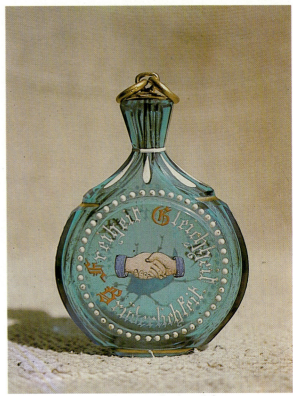

Abb. 35: Schnupftabakglas aus dem Besitz von Heinrich Ulbrich, der es um 1890 selbst bemalt hat.
Schliff von Schiedermeier in Außenried. H = 89 mm (Archiv Ulbrich)

Abb. 36: Filigranglas mit Stäbchen, ³/₄ der Originalgröße (Sammlg. Schaefer)

Der alte Heuhöfer Müller ... besaß sieben Tabakgläser, für jeden Tag der Woche ein anderes. Jedes trug den Namen des betreffenden Wochentages (1870). Ebensoviele Gläser für die einzelnen Tage besaß auch ein armer Knecht in der Oberneuerner Mühle, „der Tantessn-Fronz" (1880). Öfter hatte ich Gelegenheit, einen Schnupfer beim Einkaufe eines Glasels zu beobachten. Wenn ein Pferd im Handel ist, wird es auch nicht genauer untersucht. Die wichtigste Rolle spielt dabei die Größe des Löchels, die für jede Tabaksorte eine verschiedene sein soll, für den Brisil kleiner als für den „Kaiserlichen". Große Öffnungen sind ein Grundfehler. Man hört hierüber höchst unflätige Auslassungen. Große Mannigfaltigkeit herrscht in den Stöpseln. Vom rot oder grün gefärbten Kälberschweif bis zum einfachen Holznagel ist ein weiter Weg, der über den messingenen Stöpsel mit Ringen oder einer Schelle, den aus Zelluloid, Glas und Leder führt ... Bei den Bauern sieht man meistens Gläser. Dosen sind wenig gebräuchlich, bei den Burschen schon gar nicht".

Trotz der etwas durcheinander geratenen Terminologie sind für uns diese Ausführungen von großer Wichtigkeit, da nebenbei auch angedeutet wird, daß tatsächlich am Anfang unseres Jahrhunderts der Raum um Zwiesel – wie ja heute auch – der Mittelpunkt der Schnupftabakglasherstellung war!

Nach Aussagen älterer „Waidler" sollen Händler noch vor dem ersten Weltkrieg Tausende von Glasln gleichzeitig auf einer Wiese bei Zwiesel feilgeboten haben. Dabei mußte man angeblich für ein besonders gutes Stück bis zu 10 RM hinlegen, was etwa dem halben Wochenlohn eines Holzknechtes in dieser Zeit entsprach!

Ergänzend soll noch festgehalten werden, daß aus dieser Zeit datierte Gläser (z. B. Nr. 43, 122, 126) recht gute Aufschlüsse auf die gebräuchlichsten Glastechniken und Schlifformen geben. Der weite Abnehmerkreis wird deutlich durch die Gravuren und Malereien nachgewiesen. Die zahlreichen Zunft- und Standesmotive nennen den Bauern, Handwerker, Jäger, Post- und Bahnbeamten, Brauer, Bergwerksknappen, Arzt und sogar den Totengräber. Religiöse Motive deuten auf manchen schnupfenden geistlichen Herrn hin.

Groß ist aber auch die Zahl der „Reklamegläser", die, wie heute die Steingutflaschen, von den Schnupftabakfabriken in Zwiesel, Landshut, Perlesreut, etc. vertrieben wurden. Dabei handelt es sich in der Regel um einfache Farbgläser aus hüttenmäßiger Produktion, die mit Emailaufschriften bezeichnet wurden. Etwa um 1974 entdeckte man in der ehemaligen Schnupftabakfabrik von Andre Gaschler in Zwiesel etwa 3000 alte Messingverschlüsse (vgl. auf Nr. 86!), die angeblich als eine Art Fibel früher den Schnupftabakpäckchen beigegeben wurden.

Soweit die Situation um 1910, die ihre lebhaften Spuren so deutlich hinterlassen hat. Nach dem ersten Weltkrieg wurde der Schnupftabak zusehends von der Zigarette verdrängt, die englische und französische Soldaten als bisher unbekannte Neuerung schon im 19. Jh. aus dem Krimkrieg mitgebracht hatten. Damit verlor sich auch immer mehr das Interesse an seinen gläsernen Behältnissen. Die älteren Glasmacher erzählen, daß ab den zwanziger Jahren überhaupt nur noch wenig geschunden wurde. Die schweren Zeiten, die im Wald wohl besonders hart zu spüren waren, werden hier einen Riegel vorgeschoben haben. Gelegentlich wurde ein Halbekrügl oder ein Milchhaferl angefertigt, Schnupftabakglasl jedenfalls nur noch in seltenen Fällen.

Die Schnupftabakgläser in unseren Tagen

Im wirtschaftlichen Wiederaufschwung der 50er Jahre, mit dem verbreiteten Sammeln von Antiquitäten und der wachsenden Beliebtheit von Volkskunstgegenständen, besann man sich angesichts der doch recht zahlreichen noch erhaltenen Stücke auch wieder auf die Herstellung dieser früher so geschätzten Glaserzeugnisse. Sei es, daß es darum ging, die eigenen Fertigkeiten an den alten Vorlagen zu messen oder einem Sammler Objekte zu liefern, die dieser dann – neu gegen alt – weitertauschte. Ende der 50er Jahre jedenfalls tauchen wieder zahlreiche Schnupftabakgläser neuer Produktion auf. Dabei handelte es sich grundsätzlich um „geschundene", also in den Arbeitspausen hergestellte Exemplare.

Zuerst hatten nur die wenigen alten Glasmacher noch von früher her die notwendigen Kenntnisse und Fähigkeiten. Im Raum um Frauenau, Zwiesel und Regen waren es Männer wie der alte Blechinger in Theresienthal mit seinen Hohlgeschnürlten und zweifarbigen Überfanggläsern, der Geier Willi in der Riedlhütte, der noch „Mascherl" anzufertigen wußte, sein Bruder Fritz, der, wie man sich erzählt, in den 30er Jahren bei Gistl in Frauenau noch viele Hohlgeschnürlte hergestellt haben soll, der Stadler „Luchs", ebenfalls in Frauenau, mit seinen Überfanggläsern und der berühmte Apfelbacher in der Regenhütte. Zu diesem Kreis soll auch noch der Rankl Sepp gezählt werden, bis 1974 Meister in der Glasfachschule in Zwiesel, der verschiedene Techniken, in ganz besonderer Qualität aber „Mascherl" ausführte. Sicher gibt es noch viele Namen, auch aus anderen Gegenden des Bayerwaldes.

Praktisch mußte aber ein ganz neuer Anfang gemacht werden, der trotz der gelegentlich vorhandenen Vorlagen sicher sehr mühevoll war. Man darf nicht vergessen, daß es – wie auch heute noch – nur selten zu einer Begegnung oder gar einem Erfahrungsaustausch einzelner Glasmacher aus verschiedenen Hütten kam, die oft nur ein paar Dutzend Kilometer auseinander liegen.

Inwieweit die Konkurrenz der einzelnen Betriebe, ein mißtrauisches Bewahren der Glasmacher von eigenen Kniffen und Fertigkeiten, oder die ungünstigen Verkehrsverhältnisse dabei eine Rolle spielten, ist schwer zu sagen. Kurioserweise sollen deshalb in diesen für die frühen Sammler paradiesischen Jahren um 1960 gerne zwei alte Glasl gegen ein gelungenes, farbenfrohes Neues getauscht worden sein!

Ab 1958 maßen dann zusehends auch jüngere Glasmacher ihre Fertigkeiten mit den Erfahrungen der alten. Ganz ausgezeichnete Glasl in praktisch allen Techniken stellte der junge Blechinger Karl her – jetzt als Hüttenmeister bei Schott in Zwiesel tätig. In der Hütte Theresienthal war es bis 1974 der Schreder Franz, der noch am Hafen des alten Blechinger gelernt hatte und der vor allem Freihand- und Fadentechniken anfertigte und von allen jüngeren Glasmachern die besten Hohlgeschnürlten herstellte. Die vorzüglichen Mascherl des Rankl Sepp, der ja bis 1974 tätig war, wurden schon erwähnt. Sie können sich, was die Farbwahl und die Präzision der Ausführung angeht, durchaus mit den alten Glasln messen. Sein Nachfolger in der Glasfachschule, Straub, zeigt ebenfalls sehr gute Fadentechniken. Hunderte von Gläsern in der Sammlung Reitbauer in Regen stammen vom Hüttenmeister Wolf bei Poschinger in Frauenau, meist Überfanggläser, Schwartenmägen oder Kröselgläser in verschiedenen Formen. Ausgezeichnete Mehrfachüberfanggläser und Fadentechniken aller Variationen fertigen zwei Glasmacher in der Hütte Eisch in Frauenau, der Pscheidl Sepp und der Straub Karl. Von Letzterem finden wir zahlreiche Stücke im Museum von Frauenau.

Eine kleine Leistungsschau zeitgenössischer Glasmacher und Glasveredler auf dem Gebiet der Schnupftabakgläser brachte eine Ausstellung 1975 im Frauenauer Glasmuseum. Es zeigten:

Franz Geier, Glasmaler, Frauenau:
ein olivgrünes Glas, säuremattiert, mit pastos aufgetragener Emailmalerei in floralem Dekor und Flachfarbenmalerei auf emailgrundiertem Spiegel

Michael Kamm, Glasmaler, Buchenau:
ein großes Gesellschaftsglas im Theresienthaler Jagdgrün mit Malerei auf Emailgrund (Frauenauer Kirche)

Karl Liebl, Glasmacher, Lindbergmühle:
ein birnenförmiges Fadenglas, maschinell umsponnen, und ein zierliches Filigranglas mit hellgelben, feinen Fäden

Josef Pscheidl, Glasmacher, Frauenau:
ein Geschleudertes und Umsponnenes, ein Mascherl, ein Dreifachaußenüberfangglas mit farbiger Innenblase und Schliffdarstellung von Pilzen

Franz Schreder, Glasmacher, Lindberg:
zwei große, ungeschliffene Hohlgeschnürlte, rosa und bernsteinfarben, mit geknifftem Fuß

Ludwig Schreiner, Glasmacher, Frauenau:
ein großes Doppelüberfangglas mit farbiger Innenblase, mit stilisierter Blüte, geschliffen vom Glasschleifer Erich Keilhofer, Frauenau

Horst Weber, Glasgraveur, Frauenau:
ein großes Doppelüberfangglas mit farbigem Innenüberfang, mit eingelassenem Uhrwerk, als Schliffarbeit ein römisches Zifferblatt und Mann mit Tabakreiber

Arnold Zitzelsberger, Glasmaler, Rabenstein:
ein Glas mit Gold- und Silberdekor und floralen, z. T. pastos aufgetragenen Motiven in Email.

Überall spürbar ist die Freude am Experimentieren und an der Weiterentwicklung der eigenen Fertigkeit. Doch nur in den allerseltensten Fällen wird je eine Prise Schnupftabak in die mit so viel Liebe gefertigten Behältnisse gelangen! Bei all diesen Meistern sind aber neben den oft respektablen Sammlungen von Schnupftabakgläsern eigener Herstellung auch die Prunkstücke anderer Gattungen nicht zu übersehen, wie am Beispiel des Schreder Franz, dessen venezianischen Flügelleuchter, die Netzglasschale und die freigeformten gläsernen Tabakpfeifen. Man muß sich immer wieder vor Augen halten, daß all diese Gegenstände ja in den wenigen Minuten der Brotzeitpausen entstehen!

Leider trifft man neben den einfallsreich und sauber gearbeiteten Stücken der echten Meister in den letzten Jahren in stark zunehmendem Maße auch auf abscheuliche, sowohl in Farbe und Form äußerst lieblos behandelte Gläser, die für den Andenkenhandel in Massen auf den Markt geworfen werden. Darunter befinden sich auch Ausschußstücke aus guter Fertigung, die für teures Geld angeboten werden, und ein trauriges Kapitel schreibt häufig auch der Handel, wenn die Unerfahrenheit von Käufern und Händlern gleichermaßen dazu führt, daß nagelneue Stücke versehen mit künstlichen Gebrauchsspuren als „19. Jh." oder gar „echtes Biedermeier" zu wahrhaft schamlosen Preisen verkauft werden. So wurden mir mehrfach von München bis Nürnberg Schnupftabakgläser bis DM 400,– angeboten, die – nicht älter als ein bis zwei Jahre! – im Bayerischen Wald für nicht einmal ein Zehntel dieses „Wertes" aufgekauft worden waren!

Überhaupt wird oft das Alter auch echter Stücke weit überschätzt. Die meisten der gehandelten Gläser stammen aus der Periode um 1890–1920; Stücke aus dem 19. Jh. oder gar echte Biedermeiergläser und Gläser aus dem 18. Jh. gehören zu den absoluten Seltenheiten und werden wegen ihrer besonders bei den älteren Stücken manchmal recht schmucklosen Form oft gar nicht als solche erkannt!

Doch zurück zu den Schnupftabakgläsern der Gegenwart! Mittlerweile werden in mehr oder minder guter Qualität praktisch alle Techniken wieder ausgeführt. Die Ausstellungsstücke in den Museen, gelegentliche Veröffentlichungen, die Besichtigung bei Sammlern geben dazu genug Anregung. Reiche Absatzmöglichkeiten gibt es auch aufgrund weitverbreiteter Sammelleidenschaft und regen Fremdenverkehrs.

Für die meisten Hersteller ist es allerdings nicht leicht, nur gute Qualität zu bringen. Zum einen fehlt es an der Geschmackschulung, z. B. durch einen kritischen Abnehmerkreis, zum anderen läßt man es oft am Einfühlungsvermögen in vergangene Stilepochen mit ihren strengen Werturteilen mangeln. Sehr ungünstig auf die Formgestaltung hat sich ausgewirkt, daß die neuen Gläser nur noch als reine Sammel- bzw. Ziergegenstände dienen. Die Formen sind deshalb nicht selten zu klobig oder bauchig. Folgende Merkmale kennzeichnen generell die neue Schnupftabakglasgeneration:

- Wie schon erwähnt, ist die Form bauchiger, voluminöser geworden; es wird auch ganz einfach bei gleicher Größe mehr Glasmasse an einem Glas verarbeitet.

- Das größere Volumen wird noch durch das höhere Gewicht des heute fast ausschließlich verwendeten Bleikristalles als Klarglasmasse verstärkt. Es wird nämlich heute besseres Glas verwendet als früher!

- Ähnlich ist es mit den Farben. Bis auf wenige Ausnahmen (z. B. Hyalithschwarz oder Annagelb) ist das Farbangebot heute wesentlich größer geworden. Zwar steht im Ofen immer nur eine beschränkte Farbglasauswahl zur Verfügung (meist nur Kobaltblau, Kupferrubin, Selenrosa, Jägergrün, Emailweiß und einige Spezialfarben), doch können eine große Anzahl weiterer Farbtöne, zudem auch noch in opaker Ausführung als Farbglaszapfen von Spezialherstellern mühelos und preisgünstig bezogen werden. Diese neuen Farbtypen sind vielfältiger und leuchtender als um die Jahrhundertwende. Wenn einerseits das Farbangebot leider zu geschmacklich oft kaum mehr zu rechtfertigenden Aussschweifungen verführt, finden sich andererseits aber auch auf dem Gebiet der Farbkompositionen neue und echte Impulse.

- Mit der Linsenform der Gläser hat sich auch der Grundschliff weitgehend erhalten. Anstelle der Frontalspiegel ist allerdings häufig der Planschliff getreten. Begrüßenswert ist, daß zahlreiche neue Zierschliffe aufgetaucht sind, die bei Überfanggläsern besonders mit der neuzeitlichen Farbenpracht wetteifern.

- Schlechter ist es um andere Veredelungstechniken bestellt. Schnitt und Emailmalerei haben, was die allgemeine Situation betrifft – einige gute Künstler sind ausgenommen! –, einen echten Tiefstand erreicht. Zum (geringen!) Trost kann gesagt werden, daß die Qualität zumindest bei Schnupftabakgläsern in dieser Hinsicht auch vor 70 Jahren nicht viel besser war und wirklich gute Stücke zurückblickend erst wieder im 19. Jh. zu finden sind.

Zusammenfassend soll festgehalten werden, daß es eine Rezeptur für den Laien, die ihn jedes neue Glas mit Sicherheit erkennen läßt, nicht geben kann. Allenfalls die bereits erwähnten Merkmale neuer Gläser können eine gewisse Hilfestellung bieten.

Es müssen hier aber auch die positiven Erscheinungen bei unseren zeitgenössischen Schnupftabakgläsern noch einmal herausgestellt werden, die jederzeit den Aufbau einer Sammlung rechtfertigen! So finden sich bei folgenden Techniken sehr gute Exemplare, die oft auch als echte Weiterentwicklung althergebrachter Formen gesehen werden sollten:

- in Schliff und Farbwahl hervorragende Überfanggläser

- sauber gearbeitete „Mascherl", zarte Fadengläser in venezianischer Art und „Millefioris"

- mutwillige „Schwartenmägen"

- saubere „G'schnürlte"

- extravagante Fadenauflagen, „G'rissne", melierte Überfänge und Ätzungen, vor allem in Anlehnung an das Kunstglas der Hütte Eisch in Frauenau.

Verschlußarten bei Schnupftabakgläsern

Die älteste Verschlußart dürfte wohl der einfache Holzstöpsel gewesen sein, der, wie uns eine erhaltene Ausführung des frühen 19. Jh. zeigt, gelegentlich mit einer Seidenschnur am Hals des Fläschchens befestigt war (s. Abb. 15). Im „Lexikon der Erfindungen" aus dem Jahr 1873 ist ein Hinweis auf eingeschliffene Glastöpsel bei Schnupftabakgläsern (Nr. 23) aufgeführt (Lit. 31). Um 1890 zitieren uns die Geschäftsbücher der Malerwerkstatt Ulbrich in Zwiesel bereits die gefärbten Kälberschwänze (Nr. 38) („Schweiferlstopfen") – seltener sind Schwänze von Nagetieren etc. (Nr. 82) – und die vor allem bei den industriell erzeugten Glaseln so weit verbreiteten Messingverschlüsse mit Splint und einem oder mehreren glatten oder gedrehten Ringen („Ringelstopfen") (Lit. 20). Hier finden sich zwei Ausführungen. Bei der einen wurde der Splint durch drei verschieden große Blechquadrate gesteckt (Abb. 37/Nr. 79), bei der anderen wurde über einem Blechachteck eine gezackte Kalotte angebracht (Abb. 37/Nr. 51, 109).

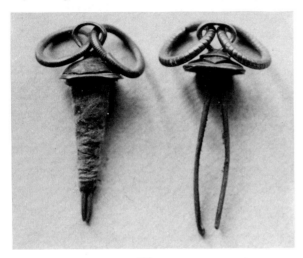

Abb. 37:
Zwei Typen von Messingverschlüssen, wie sie um 1900 industriell hergestellt wurden.

Durch Umwickeln des Splints mit einem Wollfaden wurde der Verschluß dem speziellen Loch des Glasls angepaßt und so eine zuverlässige Abdichtung hergestellt.

Sehr viel anspruchsvoller waren natürlich die uns aus der zweiten Hälfte des 19. Jh. erhaltenen, vermutlich gegossenen Messingstöpsel (Nr. 76) oder die oft sehr liebevoll geschnitzten Holzverschlüsse mit verschiedensten Darstellungen, wie z. B. zwei Hunden (Nr. 20) oder der berüchtigten Neidfaust (Nr. 30), und Messingverschlüsse mit massivem Körper und starken Ringen, die anstelle des Splints einen oft sehr kräftigen eingelöteten Eisennagel enthielten (Nr. 80). Manchmal tragen die Ringe auch kleine Drahtlöckchen oder durchlochte Münzen (Abb. 31, Nr. 44). Sehr hübsch wirken geflochtene Lederstöpsel, die auch in einer Ausführung mit lockig abstehenden Riemchen bekannt sind (Nr. 74). Die weit verbreitete Verschlußform mit Splint und Ringen wurde auch in anderen Materialien, wie z. B. Bein (Nr. 10) und zu Anfang des 20. Jh. auch in Aluminium (Nr. 41) und sogar Kunststoff ausgeführt. Gelegentliche Prunkstücke waren aus Silber oder gar Gold getrieben und wurden mit Glas- oder Halbedelsteinen besetzt (Nr. 94). Einfache Holzstöpsel finden sich in gedrechselter Ausführung (Nr. 18) oder als vielgestaltige Wurzeln (Nr. 116). Einfallslose Schnupfer verwendeten auch ein simples Papierröllchen (Nr. 62).

Da bei den meisten alten Büchseln der oft nicht sehr appetitliche Verschluß verlorengegangen ist und bei den neuen Glaseln zunächst ohnehin keine industriell erzeugten Verschlüsse erhältlich waren, mußten die Sammler in den 60er Jahren zu allerhand Notlösungen greifen.

Am einfachsten war der Kälberschweif zu besorgen. Ein findiger Kopf konstruierte einen sogar recht praktischen Verschluß aus durchlochten Münzen, durch die ein verchromter Eisensplint mit einem ebensolchen Ring gesteckt wurde. Auf der Unterseite des Geldstückes stellte eine Hartgummischeibe gleichen Durchmessers die nötige Abdichtung zur Kopffläche des Glasels her. Wie bei den alten Messingstöpseln sorgte die elastische Spannung der beiden etwas gebogenen Splintfüße dafür, daß der Verschluß festsaß. Lackierte Wurzeln, die man bei neuen Glaseln ebenfalls gerne antrifft (Nr. 140), sind zwar dekorativ, aber nicht allzu stilecht, besonders dann, wenn der Wurzelkopf größer als der Glaslkragen ist.

Eine Spezialität des Rankl Sepp war, daß er für seine schönen Filigrangläser aus den bei der Herstellung abgeschnittenen Glasresten Stöpsel fertigte (Nr. 139), die im Muster der Fäden dem Glasl genau entsprachen und so sehr elegant wirken. Ein Umwickeln mit Nähgarn sorgte für den nötigen Halt, da die Stöpsel nicht eingeschliffen waren.

Ich selbst habe 1975, um einem Sammler bei einer Riesenzahl unverschlossener Schnupftabakgläser aus der Not zu helfen, eine kleine Produktion von einigen Hundert Verschlüssen gestartet. Als Halbfertigfabrikate besorgte ich Messingsplinte und Vorhangringe verschiedenen Durchmessers aus dem gleichen Metall. Schwieriger waren dann die erforderlichen Kalotten zu erhalten, denn ich wollte nicht einfache Blättchen wie auf Abb. 37 nehmen. Schließlich gab nur ein sorgfältig hergestelltes Prägewerkzeug, das gleichzeitig die Messingscheibe aus dem Blechstreifen stanzte und in die entworfene Form brachte, den gewünschten Erfolg (Nr. 96, 122, 123). Die Montage der Einzelteile wurde zusammen mit den drei weiteren Familienmitgliedern vorgenommen.

Einen großen Fortschritt brachte für die neuzeitlichen Sammler die Entdeckung von über 3000 alten, aber ungebrauchten Messingverschlüssen (Nr. 66) in der ehemaligen Zwieseler Schnupftabakfabrik im Jahr 1975. Bereits 1976 fand ich in Zwiesel neue, nach dieser Vorlage gefertigte Verschlüsse aus der Werkstatt Wilhelm Hölscher in Osterholz-Scharmbeck. Kurz darauf entdeckte ich eine andere Variante, die eher aus dem Modeschmuckbereich zu stammen scheint, da die Blättchen oder die früher übliche Kalotte durch ein Metallkügelchen auf einem Sockel ersetzt wurden (Nr. 129).

Die Technologie der Schnupftabakgläser

Werkstoff und Werkzeug

Da bei den Schnupftabakgläsern, wenn man sich auf den bayerisch-böhmischen Raum beschränkt, eine Klassifikation nach Herstellungsepochen oder -gebieten ausscheidet, gibt eine Untergliederung nach den verschiedenen Techniken der Glasmacherkunst die beste Ordnungsmöglichkeit. Getrennt davon sollen verschiedene Arten der Glasveredelung aufgeführt werden. Vorauszuschicken sind aber einige kurze Hinweise auf die Bestandteile der Glasschmelze und eine kleine Einführung in den handwerklichen Vorgang der Glasbläserei: Der Quarzsand als Hauptbestandteil wird zur Schmelzpunkterniedrigung mit Soda oder der wertvolleren Pottasche (Kaliumkarbonat) angereichert. Diese gewann man früher aus den reichen überall um die Hüttenstandorte leicht zugänglichen Holzbeständen des Bayerischen Waldes. Um ein Kilo Pottasche zu brennen, benötigte man jahrhundertelang etwa die zweitausendfache Menge an Fichtenholz! Heute wird Pottasche industriell hergestellt. Zum Quarz und den beiden Flußmitteln kommen noch verschiedene andere Beigaben, wie z. B. Kalk

oder Bleimennige, zur Qualitätsverbesserung hinzu. Eine Klarglasschmelze erhält Zusätze zur Entfärbung (die früher am häufigsten verwendete „Glasmacherseife" war Braunstein), Farbglas die notwendigen Metalloxyde zur Einfärbung. Beim Hohlglas unterscheidet man somit nach drei Qualitätsstufen:

Das **Natronglas** enthält neben Pottasche überwiegend Soda als Flußmittel und wird hauptsächlich für Massenartikel wie z. B. Flaschen verwendet, bei denen die Ansprüche an die Glasqualität nicht groß sind. Beim **Kaliglas** wird die Soda größtenteils durch Pottasche ersetzt, und man erhält so das reine und wertvolle Kristallglas. Von noch besserer Qualität und funkelnder Reinheit ist das **Bleiglas**, dem neben den besonders reinen Rohstoffen noch Bleioxyd in Form von Bleimennige zugesetzt wird.

Auskunft über die gebräuchlichsten Glasmacherwerkzeuge, wie sie auch bei der Herstellung von Schnupftabakgläsern ihre Anwendung finden, soll nun folgende Aufstellung geben:

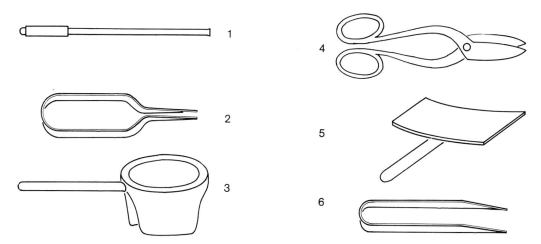

Abb. 38: Die gebräuchlichsten Glasmacherwerkzeuge

Fig. 1, die Pfeife. Sie ist etwa 1,2 m lang und besteht aus einem geraden Eisenrohr mit ca. 15 mm Durchmesser. Pfeifen zur Verarbeitung größerer Gegenstände haben einen Holzgriff, der bei kleineren Pfeifen entfällt. Früher waren auch noch Messingmundstücke gebräuchlich.

Fig. 2, das Zwackeisen. Es wird auch als Vorstreich- oder Richteisen bezeichnet und dient zu den unterschiedlichsten Handhabungen, wie z. B. der Entfernung von Verunreinigungen, dem Verstreichen der Glasmasse vor der Pfeifenmündung, u. a.

Fig. 3, das Wulger- oder Wallholz. In der halbkugelförmigen Vertiefung des mit einem Griff versehenen Holzklötzchens wird der Glasposten vorgeformt, über die Kerbe am Boden kann es fixiert werden.

Fig. 4, die Abschneidschere. Mit ihr wird die überschüssige Glasmasse an Gefäßmündungen, Überfangzapfen usw. abgetrennt.

Fig. 5, das Schäuferl. Auf der leicht gebogenen Fläche kann man sich z. B. Mascherlstäbe zur Aufnahme an den Posten herrichten. Es dient aber als ortsveränderliche Unterlage zu den verschiedensten Zwecken.

Fig. 6, die Auftreibschere. Ähnlich dem Zwackeisen, aber mit geraden Enden.

Ohne Abb., das Blechl oder die Marbelplatte. Eine Stahlplatte, die am Arbeitsplatz des Glasmachers angebracht ist. Auf ihr wird z. B. der Glasposten zylindrisch gewalzt.

Soweit die wichtigsten Werkzeuge. Nun aber zur Herstellung eines Schnupftabakglasls:

Über das „Kölbel", eine kleine, erstarrte Glaskugel wird die zur Herstellung des Körpers erforderliche Glasmasse aus dem Ofen entnommen; der Glasmacher nimmt so den zähflüssigen, formbaren „Glasposten" an die Pfeife auf (1). Durch Aufblasen und Formen im Wallholz und mittels Richteisen erhält man eine etwa tropfenförmige, im Querschnitt runde Form (2). Mit der Auftreibschere wird nun der „Kragen" bzw. der Hals „eingeschnitten",

d. h. eingeschnürt (3). Nach sorgfältigem Flachdrücken (4) des Körpers zwischen zwei Holzbrettchen ist der Formcharakter des Glases, schlank oder gedrungen, flach oder bauchig, elegant oder plump, endgültig festgelegt. Dabei ist vor allem bei Fadengläsern auf die Erhaltung einer guten Symmetrie zu achten, die Farbmuster sollen gleichmäßig und nicht verzogen sein! Jetzt wird das Glas von der Pfeife an das „Hefteisen", einen einfachen Eisenstab, umgesetzt, die Pfeife samt den Glasresten am Kragen abgesprengt. Das meist zu große Löchl wird mit der Auftreibschere zugetrieben und der Kragen zur konischen Form gestaucht.

Alte Glasl weisen einen fast immer geraden Kragen auf. Interessant ist dazu die Stellungnahme heutiger Glasmacher. Der Blechinger Karl meinte, man habe sich einfach nicht die Mühe einer sorgfältigen Verformung gemacht. Der Schreder Franz wies darauf hin, daß bei einer Verwärmung im Ofen auch die Schulter heiß wird und deshalb beim Stauchen leicht eingedrückt werden kann. Erst bei den später verwendeten Trommelöfen zur Nachwärmung mit höheren Temperaturen und mit kleiner Öffnung ist es möglich, nur den Kragen zu erhitzen und so ohne Gefahr zu formen. Am wahrscheinlichsten ist allerdings, daß auch der Zeitgeschmack dabei eine Rolle spielen wird.

Das fertiggestellte Glasl läuft dann durch ein Kühlband, wo die Temperatur fast bis auf den Deformationspunkt des Glases erhöht und dann langsam herabgesetzt wird, um Wärmespannungen, die zum Bruch führen könnten, zu vermeiden.

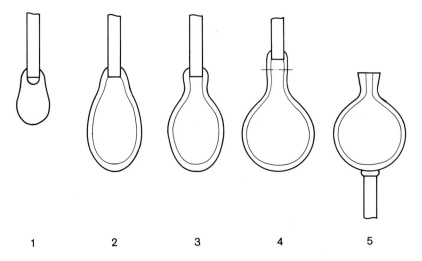

1   2   3   4   5

Abb. 39: Herstellung eines Schnupftabakglasls

Einschichtige Gläser

Farblose Gläser:

Jahrhunderte hindurch war das Glas umso wertvoller, je klarer und reiner die Glasmasse war, und wenn für uns heutzutage ein funkelndes Bleikristall zu den wenig beachteten Selbstverständlichkeiten gehört, war bis ins 18. Jahrhundert hinein ein leichter Grau- oder Grünschimmer verbunden mit kleinen Lufteinschlüssen die Regel.

Gerade diese Herausforderung an das Geschick der Glashersteller ließ das farblose Glas bis in das 19. Jahrhundert hinein vorherrschen, – solange, bis das englische Blei- und das böhmische Kaliglas in völliger Reinheit verfügbar waren. Just dann aber wandte sich der launische Geschmack der vielfältigen Pracht des Farbglases zu! Pazaurek bemerkt ganz richtig, daß wohl, wenn der Farbenrausch vorangegangen wäre, sich die herrlichen Glasschnittarbeiten früherer Jahrhunderte nicht zu ihrer hohen Blüte hätten entfalten können. Leider trifft gerade dies aber für die Hauptperiode der Schnupftabakgläser zu, und so dominieren bedauerlicherweise hier bei weitem die Farbgläser. Nur selten stoßen wir auf farblose Glasl, die durch Schliff oder Schnitt weiterbearbeitet sind. Auch die recht reizvollen optischen Glasl, die verrippten des 18. Jh., die späteren mit eingestochenen Blasen und die „Hohlg'schnürlten" bleiben in farbloser Ausführung zumindest in guter Qualität bedauerlicherweise rar.

Transparente Farbgläser:

Das Einfärben der Glasmasse mit Metalloxyden war schon im Altertum bekannt, wo z. B. kobaltblaue Gläser sehr verbreitet waren. Bis ins 18. Jh. war auch das zarte Grün des mit Eisen verunreinigten „Waldglases" durchaus beliebt, obwohl es sich ja um eine unbeabsichtigte Verfärbung einer geringerwertigen Glasmasse handelte. Zwar wußten vor allem die Venezianer eine große Palette verschiedener Farbtöne zu erzeugen, doch beschränkten sie sich dabei eher auf die Herstellung von Halbzeugen für die Glasperlenindustrie und Mosaik-, Millefiori- oder Filigranarbeiten. Selbst sehr hochentwickelte Farbgläser wie z. B. das immens teure Goldrubin des Johann Kunckel im 17. Jh., der der Glasmasse reines, in Königswasser gelöstes Gold zusetzte, blieben auf eine kleine Anzahl von Hütten beschränkt und gelangten vorläufig nicht zum großen Durchbruch, der erst dem Biedermeier vorbehalten war.

Auf Grund neuer chemischer Entwicklungen konnte man endlich im 19. Jh. dem Zeitgeschmack in fast allen Farbnuancen entgegenkommen. Nur Trinkgefäße wurden noch im klassischen geschnittenen oder geschliffenen Klarglas gefertigt. Becher, Schalen, Büchsen, Briefbeschwerer, Leuchter, Lampen und eben die Schnupftabakglasl waren jetzt aus farbigem Glas, das damit sogar anderen Werkstoffen Konkurrenz machte. Hier ein kurzer Überblick über die Grundstoffe, die heute zur Einfärbung dienen:

Blaues Glas wird vor allem durch die schon immer bekannte Beimengung von Kobaltoxyd erzeugt, wobei man mit zahlreichen Farbschattierungen vom zarten Hell- bis zum fast gesättigten Schwarzblau experimentiert.

Das ehemalige **Flaschengrün** durch Verwendung von Eisenoxyd wird heute als minderwertig betrachtet, und es herrschen die warmen smaragdenen Töne der Kupfer- oder Chromfärbung vor. Das kühle, aber leuchtende und satte Jagdgrün aus der Hütte Theresienthal fällt noch in der heutigen Produktion durch seine besondere Schönheit auf.

Gelber Farbton ist weniger einfach in der Herstellung; man experimentierte im letzten Jahrhundert noch mit Kirschbaumholzstückchen oder Erlenkohle (Lit. 27). erzielte aber mit Silber- und Uranverbindungen recht gute Ergebnisse, die allerdings speziellen Hütten wie z. B. der Egermann'schen vorbehalten blieben. Heute verwendet man u. a. Schwefelkadmiumzusätze.

Als **„Annagelb"** bezeichnet man das im 19. Jh. überaus beliebte, leuchtend fluoreszierende Uranglas, das durch Beimengen von Kupfervitriol auch in das dunklere „Annagrün" spielen kann (nach Pazaurek war dafür auch die Bezeichnung „Eleonorengrün" gebräuchlich). Zur Herkunft des Namens gibt es viele Deutungen. Vielleicht geht es aber tatsächlich auf die Mutter Anna des Hüttenbesitzers Wilhelm Kralik zurück, der um 1840 in Eleonorenhain Uranglas herstellte. Diese Glasfärbung war früher nicht nur bei den Schnupftabakgläsern, bei den optischen wie bei den überfangenen häufig, verliert sich aber beim Gebrauchsglas im 20. Jh., da es vielleicht zu sehr mit den Modetrends der Jahrhundertwende in Verbindung gebracht wird.

Der Betriebsleiter der Poschingerhütte in Frauenau berichtete mir 1972, daß wegen mangelnder Nachfrage dieser Farbton schon lange nicht mehr aufgelegt worden sei. Zwei Jahre später wird neben einer flachen Schale eine etwa 40 cm hohe freihandgeformte Vase zum wirklich niedrigen Preis von DM 20,– am selben Ort in der Hütte Eisch ausgestellt. In das übrige Verkaufssortiment ist diese Färbung aber nicht aufgenommen. Herr Schneck, Betriebsleiter in der Hütte Eisch, berichtete, daß die Beimengungen eines Originalrezeptes aus Eleonorenhain einen ins Grünliche spielenden Ton ergäben, wohingegen das Glas bei Eisch, das nur mit Uranoxyd eingefärbt wurde, eher ins Gelbliche geht.

Für **violette** sowie amethystähnliche Tönungen verwendet man Braunstein, d. h. Manganoxyd.

Zum **Schwarz** – das streng genommen zu den opaken Farben zu zählen ist – versuchte man zunächst über Dunkelgrün (Eisenoxyd), Dunkelblau (Kobaltoxyd), Dunkelrot (Kupferoxyd) und Dunkelviolett (Braunstein) zu gelangen. Das echte opake Tiefschwarz blieb allerdings dem im ersten Drittel des 19. Jh. erzeugten „Hyalithglas" der Gräflich Buquoï'schen Hütte in Südböhmen vorbehalten, wurde später aber auch in anderen Hütten hergestellt. In unserer Zeit ist echtes Schwarzglas wieder seltener geworden. In der Hütte Eisch wird seit Anfang der 70er Jahre auf der Basis von Rezepten aus Eleonorenhain in dieser Richtung experimentiert, und ich konnte eines dieser gut gelungenen Stücke in Form einer Sektschale bei einem Sammler besichtigen. Seit 1974 findet man auch gelegentlich schwarze Kunstgläser von Erwin Eisch. Bei der Einfärbung spielen vermutlich kohlenstoffhaltige Komponenten eine Rolle.

Rot aber ist neben Blau immer am beliebtesten gewesen und in vielen Abstufungen vertreten, so z. B. das Braunrot durch Nickeloxyd und das Granatrot durch Goldfärbung (Goldrubin), das auch noch gegen Ende des 19. Jh. hergestellt wurde (Rezeptur der Hütte Kralik in Eleonorenhain s. Lit. 9!).
Der Goldbedarf zur Einfärbung konnte durch Weiterentwicklung des Kunckelschen Verfahrens ab Anfang des 19. Jh. recht klein gehalten werden. Mitte des 19. Jh. wurde das Goldrubin z. B. in den Hütten Eleonorenhain, Theresienthal und der Josephinenhütte in Schlesien zur Rosafärbung gerne benützt. Dies zeigen auch einige Ausstellungsstücke aus dem 19. Jh. im Zwieseler Museum. Für Außenüberfänge dominierte aber seit dieser Zeit die Einfärbung mit Kupferoxyd, die bis zu dunkelroten oder fast schwarzen Tönen möglich ist. Erst viel später, wohl gegen Ende des 19. Jh., setzte sich auch das Selen zur Rubin- und

Rosafärbung durch. Ab der Jahrhundertwende waren dann praktisch alle Farbtöne herstellbar und dementsprechend groß war auch die Zahl einfacher Schnupftabakgläser in transparenten Farben. Daneben sind aber auch noch verschiedene Spezialfärbungen beliebt, so z. B. das sog.

Flinsgrün, das durch Beimengung von gemahlenem Glimmer einen hübschen Glitzereffekt erhält. Angeblich wurden früher die Katzengold- bzw. -silberplättchen (Kali- bzw. Natronglimmer) daheim vom Glasmacher selbst in der Kaffeemühle gemahlen. Unter der Bezeichnung „Reseda" soll es eine Spezialität der Schachtenbachhütte gewesen sein.
Das typische Flinsgrün wurde angeblich noch Anfang der 60er Jahre in der Glasfachschule Zwiesel verarbeitet. Im übrigen soll es schlecht auf den sonst verwendeten Glassorten „gestanden" sein, d. h. sich schlecht mit ihnen verbunden haben.

Trotz der Erkenntnisse der modernen Chemie, die die Möglichkeiten zur Glaseinfärbung weit verbreitet hat, arbeitet auch heute noch jede Hütte nach besonderen Rezepturen, die nicht gerne bekanntgegeben werden, da sie den speziellen Charakter und die Eigenschaften des Glases stark beeinflussen können.

Trübgläser und opake Farbgläser:

Bei den Farbgläsern des vorigen Abschnitts handelt es sich grundsätzlich um eine transparente, also durchsichtige Glasmasse, die diesen Effekt natürlich bei stärkerer Einfärbung und dickerer Wandstärke zusehends verliert. Auf das opake, d. h. undurchsichtige Glas soll aber gesondert eingegangen werden.
Vor allem das weiße Milchglas (Emailweiß), das durch Zinnoxyd eingefärbt wird, hatte ja schon im 17. und 18. Jh. als Porzellanersatz beträchtliche Bedeutung gehabt und erfreute sich im 19. Jh. vor allem für Überfänge großer Beliebtheit.
Weitere Varianten undurchsichtiger oder trüber Gläser finden wir unter den Bezeichnungen „Bein-", „Opal-" oder „Alabasterglas". Je nach Verbreitungs- oder Herstellungsgebiet wurden bei gleicher Bezeichnung aber oft völlig andere Rezepturen angewandt und somit auch oft ganz unterschiedliche Glasarten gekennzeichnet. Neben dem Milchglas die älteste Form der Trübgläser dürfte wohl die sein, bei der die Wirkung des Kaliumphosphates infolge einer Beimengung von tierischer Knochenasche zur Glasmasse ausgenutzt wurde. Johann Kunckel gibt hierfür bereits 1679 ein Rezept an, wobei dieser Glastyp als „Opalglas" bezeichnet wird. Üblicherweise ist dieses Glas leicht durchscheinend mit

einem „pfirsichblütenfarbenen" Schimmer, kann jedoch bei einem höheren Anteil an Knochenasche oder Hirschhornmehl fast die Wirkung des Milchglases erreichen (Lit. 29).

Im 19. Jh. soll vor allem in der Josephinenhütte in Schreiberhau ein mit Kohlensäureüberschuß getrübtes Kali-Kalkglas unter der Bezeichnung „Alabasterglas" hergestellt worden sein (Lit. 27). Die Beimengung von Kryolith (Grönlandspat) zur Eintrübung setzte sich infolge der nicht einfachen Verarbeitung erst gegen Ende des 19. Jh. durch. Alle Trübglasvarianten, egal ob durch Zuhilfenahme von Knochenasche, Kohlensäure oder Kryolith erzeugt, wurden auch durch Metalloxyde eingefärbt, wodurch sich pastellene Blau-, Grün-, und Rosatönungen ergaben. Die alte Schachtenbachhütte war in der Zeit von 1830 bis 1860 berühmt für derartige Glassorten. Bei alten Schnupftabakgläsern finden sich gelegentlich herrliche Stücke in hellgrauem Trübglas mit rosatrübem Überfang.

Die Bezeichnung „Alabasterglas" war allerdings allgemein geläufig. Hier zwei Beispiele, das erste aus dem Schmelzbuch der Kraliks aus Eleonorenhain aus der Zeit um 1865:

```
„Allabaster:   116 Pfund  Sand
               25    "     Melasse  Pottasche
               25    "     Russische  Pottasche
                4    "     Salpeter
                8    "     Knochen
                6    "     Federweiß (Zinkoxyd)"
```

Dieses etwas transparente „Alabasterglas" war für übliche Überfänge weniger geeignet, hierfür verwendete man eine undurchsichtigere hier als „Opalglas" bezeichnete Variante, die etwa die doppelte Menge an Knochen enthielt. Das zweite Beispiel stammt aus einem Schmelzbüchl der Spiegelhütte um 1900:

```
„Allerbaster weiß: 100 Pfund  Sand
                    22    "     Kryolith
                     4    "     Kalk
                    36    "     Pottasche
                     6    "     Salpeter
                     6    "     Minium (Mennige)
                   250 Gramm Braunstein"
```

Hier finden wir bereits das Kryolith, das aber auch heute noch ungern im Hafen geführt wird, da es sehr aggresiv ist. Außerdem wird das Glas im Ausdehnungskoeffizienten leicht unbeständig und „steht" schlecht auf anderem Glas.

Beliebt waren bei Schnupftabakgläsern aus dieser Zeit auch Doppelüberfänge mit transparentem Rosa, Blau, Gelb und Grün auf weißer Emailschicht (anscheinend eine Spezialität der Hütte in Spiegelau), wodurch für die Hauptfarbe ebenfalls ein opaker Effekt erzielt wird. Wie seinerzeit in der venezianischen Glaskunst weisen besonders die Halbfertigfabrikate dieser Epoche für „Bandl-", „Faden-" und „Mascherlglasl" die reichsten opaken Farbvariationen auf. Gelbe, braune, ziegel- und braunrote, wie auch natürlich weiße oder sogar schwarze und hellgrüne Fäden oder Bänder sind dabei nicht selten.

Viel Erfahrung in der Herstellung von opakem Farbglas soll die Tafelglashütte Buchenau mit ihren Fliesen und Kacheln gehabt haben, wovon der Schwesterbetrieb für Hohlglas, die Spiegelhütte, profitieren konnte. Jedoch erst ab 1900 wurde die Herstellung von klarem opaken Glas in allen Farben allgemein möglich (Verwendung von Flußspat, dem bereits erwähnten Kryolith und Arsenik), was dann zu der auch heute üblichen fröhlichen Farbenpracht führte. Spezialfirmen wie z. B. die Glaswarenfabrik Klaus Kügler in Augsburg liefern dieses Opalfarbenglas in etwa 2 cm starken und 30 cm langen „Zapfen", das Kilogramm je nach Farbton zu etwa DM 15,–. Meist werden diese im Vergleich mit dem Kristallglas recht harten und hochwertigen Bleigläser, die sich möglichst gut mit den Glastypen der einzelnen Hütten vertragen müssen, bei kleineren Gefäßen wie eben den Schnupftabakgläsern, als Innenblase verwendet. Man findet sie aber auch beim Außenüberfang, der dann allerdings schwieriger zu schleifen ist. Häufige Farben sind Kanariengelb, Rotorange, und Blau, seltener dagegen Grün, Rosa, Taubenblau und das siegellackfarbene „Kaiserrot", das in der besten Qualität heute aus der CSSR kommt, wo schon im letzten Jahrhundert Spezialbetriebe nur Farbglaszapfen für Bijouterie-Erzeugnisse herstellten.

Das jetzt mehr und mehr verwendete Farbglasmehl ist noch härter und „verschmiert", wenn es dünn aufgetragen wird, d. h. es findet eine Farbänderung beim Erhitzen im Ofen statt.

Mehrschichtengläser

Zweischichtige Überfanggläser:

Mehrschichtengläser entstehen durch Überfangen einer Grundschicht mit einer oder mehreren verschiedenfarbigen Glasschichten. Dabei hat man zunächst nach dem Außen- und dem Innenüberfang zu unterscheiden. Bei den einfachsten Überfanggläsern, die nur aus zwei Schichten bestehen, bedeutet dies ganz einfach eine Unterscheidung nach der Lage der entweder außen oder innen liegenden Farbglasschicht.

Grundsätzlich können Überfanggläser nach zwei verschiedenen Verfahren hergestellt werden und zwar in Hafen- oder in Zapfenarbeit. Welches Verfahren gewählt wird, hängt davon ab, in welchem Zustand das Farbglas zur Verfügung steht. Als „Überfang aus dem Hafen" wird der Vorgang bezeichnet, bei dem ein vorbereitetes Glaskölbel in eine Farbglasschmelze eingetaucht, d. h. mit dieser „überstochen" wird. Heute steht auch in großen Hütten Farbglas nur in den gebräuchlichsten Farben, wie Blau, Rot, Weiß oder Grün in eigenen Häfen zur Verfügung.

Um für weniger umfangreiche Arbeiten nicht einen ganzen Ofen mit einem bestimmten Farbglas vorbereiten zu müssen, wurden schon immer Farbglasreste zu sog. Zapfen, d. h. etwa 2 cm starken Stangen verarbeitet. Von ihnen wurde dann die benötigte Farbglasmenge geschnitten. Beim „Überfang vom Zapfen" wird an der Pfeife ein kleiner Posten Klarglas aufgenommen und leicht aufgeblasen. Diesem Kölbel wird nun z. B. bei der Herstellung eines Innenüberfanges eine Farbglasscheibe von einem am Hefteisen gut aufgewärmten Zapfen „aufgeschnitten", d. h. vom Zapfen wird mit der Schere die benötigte Menge abgezwickt und auf dem Kölbel verstrichen. Anschließend wird das so überfangene Kölbel noch mit einer meist die tragende Wandung bildenden Klarglasschicht überstochen und fertiggeblasen. Diese äußere Klarglasschicht dient aber auch dazu, die Farbschicht beim Erhitzen vor dem „Aufbrennen" zu schützen und während des Verformens gleichmäßig zu halten. Wie bereits erwähnt, werden vor allem ausgefallenere, opake Farbtöne von fremdbezogenen Zapfen erstellt. Nach diesen kurzen Erläuterungen kann für den einfachen Außen- und Innenüberfang folgendes gesagt werden:

Außenüberfang: Die tragende Klarglasschicht ist mit einer dünneren Farbglasschicht überfangen, die entweder in Hafen- oder Zapfenarbeit aufgebracht wird. Bei der Hafenarbeit wird ein massives Klarglaskölbel in die Farbglasschmelze getaucht. Bei der Zapfenarbeit sind zwei Arbeitsvorgänge erforderlich. Zunächst muß ein Farbglastrichter hergestellt werden, in den dann ein farbloser Glasposten eingeblasen wird. Beim Außenüberfang ist die Weiterveredelung durch Glasschliff obligatorisch, gelegentlich läßt man als besonderen Effekt im Hochschliffverfahren auch nur noch Reste der Farbschicht stehen.

Innenüberfang: Bei der Hafenarbeit wird ein Klarglaskölbel zunächst mit Farbglas überstochen und anschließend mit der starken, tragenden Klarglasschicht überfangen. Die Zapfenarbeit wurde in einem der oberen Absätze bereits beschrieben. Da der Innenüberfang durch Schliff natürlich nicht variiert werden kann, dient die farbige Innenblase vor allem dazu, Faden-, Flins-, aber auch optischen Gläsern, wie den Hohlg'schnürlten, im wahrsten Sinne des Wortes den rechten Hintergrund zu geben.

Sehr wichtig ist bei allen Überfanggläsern ein Übereinstimmen im Dehnungsverhalten der einzelnen Glasschichten, die sonst durch Spannungen zerstört werden können! Erst wenn das Glas „steht", also die verschiedenen Schichten als zusammenpassend gefunden werden, ist das Werk gelungen.

Mehrschichtige Überfanggläser:

Zunächst sind hier die dreischichtigen Gläser anzuführen, wobei eine farbige Innenblase durch die stärkere, den eigentlichen Glaskörper bildende Klarglasschicht vom wiederum farbigen Außenüberfang getrennt ist. Je nach Herstellungstechnik können über den Farbglasschichten, also ganz innen oder außen am Glaskörper, allerdings noch zusätzliche meist hauchdünne Klarglasschichten aufgebracht sein, was aber für den äußeren Gesamteindruck ohne Bedeutung ist.

Bei Schnupftabakgläsern des 19. Jh. treffen wir diese beim Kunstglas häufige Technik nur vereinzelt an, dabei ist die transparente Innenblase meist rosa, der Außenüberfang fast immer emailweiß oder kupferrot. Zur vielfältigen Farbenpracht kommt es erst in unserer Zeit ab etwa 1965. Recht hübsch machen sich dabei Kombinationen in Blau-Weiß, Rubinrot-Orange, Rubinrot-Gelb, Gelb-Schwarz, Orange-Grün und Blau-Violett, wobei der erstgenannte Farbton auf die Außenschicht hinweist. Durch tiefgeschliffene Hexensterne, gekugelte Spiegel, symmetrisch geschälte Blüten und ähnliche Schliffverzierungen leuchtet dann die farbige Innenblase durch die Außenschicht.

Mehrschichtige Farbengläser werden meist im sog. Trichter- oder Haubenüberfang mittels mehrerer ineinandergefügter Glaskörper hergestellt. Der **„Trichterüberfang"**, ein Spezialverfahren, das bei Überfangpokalen oder -römern zur Erzeugung eines offenen Mantels gebraucht wird, soll hier in einer Skizze veranschaulicht werden:

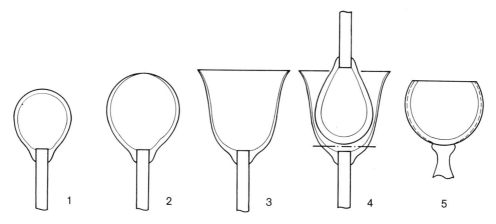

Abb. 40: Trichterüberfang für „offenen" Mantel

Eine Farbglaskugel (1) wird so weit aufgeblasen, daß der Boden ganz dünn wird. Durch starkes Erhitzen am Boden und vorsichtiges Blasen entsteht eine Öffnung, die Kugel ist „durchgeblasen" (2). Sie wird nun unter laufender Erwärmung mit gleichzeitiger Drehung zu einem tulpenähnlichen Trichter (3) aufgetrieben. In diesen bläst man über eine zweite Pfeife einen Klarglasposten oder einen mit Farbglas überstochenen Posten ein (4). Nach Abschlagen der ersten Pfeife wird das so entstandene Überfangglas an der zweiten Pfeife fertiggestellt (5). Dieses Verfahren spielt im allgemeinen bei der Herstellung von Schnupftabakgläsern keine Rolle. Lediglich in Sonderfällen, so z. B. bei den zweifarbigen Überfanggläsern des alten Karl Blechinger (Nr. 129), kam es gelegentlich zu Anwendung.

Wie für die meisten Arbeiten, so ist auch für die Schnupftabakgläser der **„Haubenüberfang"** am wichtigsten. Dabei wird in einem geschlossenen Mantel – die Haube –, der auch aus mehreren Farbglasschichten bestehen kann, ein Glasposten eingeblasen, der ebenfalls eine Farbglasschicht aufweisen darf. Am Beispiel eines sehr gut gelungenen modernen Dreifachüberfangglases (Nr. 136) mit farbiger Innenblase (zum Überfang werden nur die Farbglasschichten des äußeren Mantels gezählt!) soll diese Herstellungstechnik genauer erläutert werden.
Abb. 41 zeigt an einem Schnitt durch den Hals des Glases die einzelnen Glasschichten in ihrem Aufbau. Abb. 42 soll das Verfahren des Haubenüberfanges verdeutlichen:

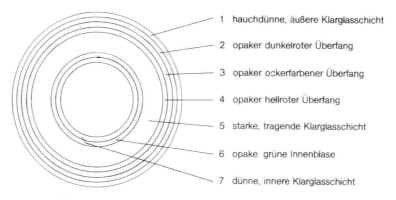

1 hauchdünne, äußere Klarglasschicht

2 opaker dunkelroter Überfang

3 opaker ockerfarbener Überfang

4 opaker hellroter Überfang

5 starke, tragende Klarglasschicht

6 opake grüne Innenblase

7 dünne, innere Klarglasschicht

Abb. 41: Schnitt durch den Hals eines Mehrfachüberfangglases

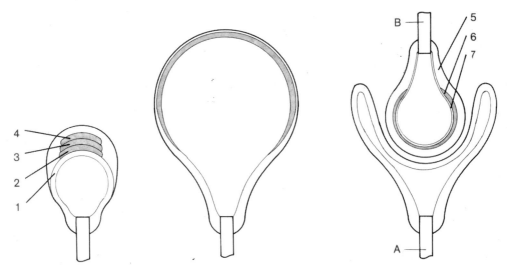

Abb. 42: Haubenüberfang für „geschlossenen" Mantel

Herstellung des Mantels:

Einem schwachen Klarglaskölbel (1) werden von verschiedenfarbigen Zapfen unmittelbar hintereinander die opaken Farbglasschichten dunkelrot (2), ocker (3) und hellrot (4) aufgeschnitten. Das Kölbel wird anschließend zum Schutz mit Klarglas überstochen. Sodann wird es zu einer Kugel mit etwa 100 mm Durchmesser aufgeblasen, auf deren Oberfläche die drei Farbglasschichten sich fein und gleichmäßig verteilen sollen. Bei senkrecht gehaltener Pfeife und leichtem Luftabsaugen wird diese zum Einsinken, d. h. in die Haubenform gebracht. Somit kommen die inneren Farbglasschichten des Kölbels auf die Außenwandung des späteren Glasls zu liegen.

Herstellung des Glaspostens als spätere tragende Wandung:

Einem Kölbel (7) wird vom Zapfen opakgrüne Glasmasse (6) aufgeschnitten, die dann stark mit Klarglas (5) überstochen wird. Diese Klarglasschicht, die stärker als alle übrigen Schichten gehalten ist, bildet, um das Farbglas (6) sparsam zu verwenden, die tragende Wandung des Glaskörpers. Dieser dreischichtige Glasposten mit der opakgrünen Innenblase wird nun der Haube (oder dem Mantel) eingeblasen. Letztere wird von der ersten Pfeife abgeschlagen und mit Wasser abgeschreckt, so daß die Überstände des Mantels abspringen. Das Glasl wird nun an der zweiten Pfeife fertiggeformt.

Das vorstehend beschriebene Verfahren mit den drei unmittelbar übereinander aufgebrachten, sehr dünnwandigen Farbglasschichten bei nur einem Mantel ist eine Besonderheit, die angeblich im Augenblick nur in der Hütte Eisch ausgeführt wird. Das übliche Verfahren zur Herstellung von Mehrfachüberfanggläsern sieht mehre-re Mäntel vor, die nacheinander an den Glasposten aufgenommen werden.

Neben der reinen Zapfenarbeit beim Farbglas ist natürlich auch eine Kombination von Zapfen- und Hafenarbeit möglich. So hätte z. B. der Glasposten mit der farbigen Innenblase bei geeignetem Farbglas ohne weiteres aus dem Hafen gearbeitet werden können.

Im 19. Jh. waren im Gegensatz zu der beschriebenen recht aufwendigen Mehrschichtenausführung eines Schnupftabakglases unserer Tage meist Doppelüberfänge ohne farbige Innenblase anzutreffen. Sie entstanden im Wunsch nach einem opaken Außenüberfang. Da opakes Farbglas außer als Trübglas nicht ohne weiteres herzustellen war, behalf man sich dadurch, daß ein farbiges Transparentglas unmittelbar auf Emailgrund aufgetragen wurde, wodurch z. B. ein milchiges Rosa oder Hellblau erzielt werden konnte. Seltener waren damals Dreifachüberfänge, bei denen ebenfalls das Emailweiß meist eine Komponente bildet, und der Vierfachüberfang ist eigentlich schon zu den Kuriositäten zu zählen.

Auf Grund der leicht erhältlichen Opalfarben ist die dominierende Technik bei den Schnupftabakgläsern unserer Zeit die des Überfanges und dabei vor allem des Mehrfachüberfanges, etwa nach dem skizzierten Beispiel. Sehr gute Stücke in dieser Technik fertigen in jüngster Zeit die Glasmachermeister Josef Pscheidl und Karl Straub in Frauenau in der Hütte Eisch. Diese Glasl werden häufig von ausgezeichneten Schleifern und Graveuren weiterveredelt. Besonders reizvoll sind Farbkombinationen wie Rosa-Hellgrün, Rot-Gelb oder Flieder-Grün. Manchmal werden bis zu vier oder sogar fünf Farbschichten übereinander aufgebracht. Interessant, daß auch beim Schliff um neue Formen gerungen wird. Neben gewagten Ornamenten finden sich Hochschliff mit gut ausgeführten Darstellungen von Pilzen, Blumen, Schmetterlingen und sogar figürlichen Motiven. Sicher werden diese Spitzengläser einmal ähnlich gewertet wie ein gutes Biedermeierglas!

Das kritische Auge achtet dabei vor allem auf die gleichmäßige Wandstärke der einzelnen Farbglasschichten, auf einen symmetrischen Glaskörper und vor allem auf eine geschmackvolle Farbenwahl. „Ausgebrannte", durch fehlerhafte Temperaturbehandlung oder mangelhaftes Verstreichen ungleichmäßige und somit im Farbton oder in der Farbintensität variierende Überfangschichten, unregelmäßige oder verzogene Glasformen, mit deutlichen Korrekturversuchen des Schleifers, die gerade bei Überfanggläsern sehr problematisch sind, und letztlich lieblose Farbwahl mit schludrigem Schliffmotiv sollten vom Käufer dieser mittlerweile in recht großen Stückzahlen hergestellten Sammler- oder Touristenstücke zurückgewiesen werden.

Gläser mit farbigen Faden- oder Bandeinlagen:

Vorbemerkungen:

Die Technik, farbige Glasfäden oder -bänder in gerader, gewendelter oder gedrehter Form in den Glaskörper einzuarbeiten, beherrschte man bereits im 15. und 16. Jh. in Venedig in höchster Vollendung. Man spricht deshalb, obwohl die Grundformen dieser Ziertechnik bis weit in die Antike hineinreichen, von venezianischen Arbeiten.

Von ganz besonderer Schönheit sind die sog. „Filigrangläser" mit eingelegten gewendelten oder spiraligen, äußerst feinen Glasfäden. Wird dieses als Halbfertigfabrikat erzeugte Stangenmaterial dicht an dicht auf den durchsichtigen Glaskörper aufgebracht, so entstehen verwirrende geometrische Muster, die einer zierlichen Textilspitzenarbeit nicht unähnlich sind und früher in Venedig als „vetro di trina" (Glas mit Spitzendekor) bezeichnet wurden.

Im 17. und vor allem im 18. Jh. konnte sich der venezianische Glasstil mit seiner leichten und spielerischen Eleganz allerdings gegen das durch vollendeten Glasschnitt veredelte deutsche Glas immer weniger durchsetzen. Erst etwa um 1840 gewannen „venezianisierende" Glasgefäße wieder an Interesse und 1842 wurde dem Direktor der Josephinenhütte bei Schreiberhau ein Preis für einige „Netzgläser" zuerkannt, die eigentlich als Wiedererfindung dieser speziellen Technik bezeichnet werden können.

Bei Pazaurek findet sich folgende Beschreibung:

„Zunächst hatte sich Pohl aus mit Kreideglas überfangenem saftweißem Glase 30 bis 40 Fuß lange Stäbe ziehen lassen, die er in kleine Stängel zerlegte; diese ordnete er um zwei Glasringe, die an einem zylindrischen Holzstück befestigt waren, dicht aneinander an und umschloß sie mit zwei Drahtreifen, entfernte dann den Holzzylinder, wärmte sie in besonderen tönernen Deckeltöpfen entsprechend an, heftete diesen Stäbchenmantel dann an das aufgenommene Glas an der Pfeife, streifte die Drahtringe ab und bildete unter Rechts- oder Linksdrehung einen Kegel; je zwei solche Kegel mit entgegengesetzt gedrehten Stäbchen wurden dann ineinandergepaßt und erwärmt an der Pfeife übereinandergeschoben, miteinander verschmolzen, so daß sich zwischen den aneinander kreuzenden Fäden kleine regelmäßige Luftbläschen mit einschlossen; die Fertigstellung geschah wie bei jedem anderen Hohlglase.

Diese Arbeitsweise entspricht somit im allgemeinen den altvenezianischen, der „vasi a reticelli", Netzgläser, die man in der Biedermeierzeit „retikuliert" nannte. Daneben gab es einerseits die einfacheren Vorstufen, nämlich das Stäbchenglas, wobei milchweiße („latticino") Stäbe mit solchen von z. B. türkis- oder kobaltblauer Farbe abwechselten, andererseits die ein- oder mehrfarbigen Fadengläser ohne Fadennetz, schließlich auch die Gläser mit fein verstrickten Fadenbündeln von abwechselnden Mustern, die alten „vasi a ritorti . . ."

Im Kunstglas der Biedermeierzeit nehmen aber diese venezianischen Techniken keinen allzu großen Raum

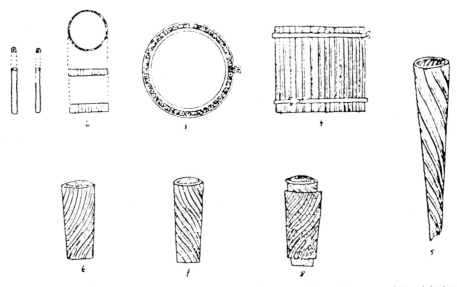

Abb. 43: Herstellung eines Netzglases nach Pohl (aus dem Berliner Gewerbe-Industrie- und Handelsblatt 1843)

ein. Anders dagegen bei den Schnupftabakgläsern, wo die Variationen in der Farbgebung und das handwerkliche Geschick, das gerade bei diesen Arbeiten besonders notwendig ist, den persönlichen Ehrgeiz renommierter Glasmacher auch heute noch ganz besonders anstachelt.

Pazaurek, dessen Verdienste vor allem um die Beschreibung und Wertung des Biedermeierglases unbestritten sein sollen, liegt mit seiner grundsätzlichen Ablehnung der Volkskunst besonders hier völlig falsch, wenn er von „Bayerischen Schnupftabakfläschchen für Bauernkreise" – im Hinblick auf die venezianischen Anklänge – als von „letzten Ausläufern vornehmer Ahnen" und „degenerierten Epigonen" spricht. Gerade Schnupftabakgläser dieser Gruppe sind oft von außerordentlichem Geschmack und exakter Ausführung. Allerdings zeigen sie im Gegensatz zum stilreinen dünnwandigen venezianischen Glas deutlich auch den Einfluß der Biedermeierzeit mit fröhlichen Farben und stabilem, meist geschliffenem Glaskörper.

Fadengläser:

Nach Carl Friedrich („Die altdeutschen Gläser", Nürnberg 1884) sollen die „geschnürlten Gläser", d. h. Gläser mit Emailfäden auf der Glaswand, um 1550 zuerst in Schlesien hergestellt und verfeinert über Venedig wieder nach Deutschland zurückgekommen sein (Lit. 12).
Für unsere Betrachtungen ist es müßig, ob sich diese Aussage auch tatsächlich halten läßt. Interessanter im Hinblick auf die derzeit gebräuchliche Terminologie bei Fadengläsern sind die Hinweise auf die „weiss geschnürlten Gläser" einer Hütte in Südböhmen um 1608 und die „geschnürlten" Gläser einer nordböhmischen Hütte um 1601 (Lit. 29).
Von den hier beschriebenen Gläsern mit gedrehten Bandeinlagen (die „breitgeschnürlten" Gläser), die einen etwas groben und bäuerlichen Eindruck machen, müssen auch im Bereich der Schnupftabakgläser die sog. Fadengläser deutlich abgegrenzt werden. Zwar ist die Herstellungsart grundsätzlich die gleiche, doch entsteht durch die Feinheit des Materials und häufig auch durch die Verbindung mit einer Überfangtechnik ein wesentlich anderer Effekt: Die zierlichen Glasfäden in weiß, rosa, blau oder gelb stehen als farbige Spiralen meist vor einer rosa-transparenten oder emailweißen Innenblase.
Die Herstellung derartiger Fadengläser geht zwar recht einfach vonstatten, erfordert aber eine sichere und geübte Hand, da es sehr auf ein exaktes und präzises Arbeiten ankommt. Als Halbfertigerzeugnis werden Klarglasstäbchen verwendet, die sozusagen als Seele den Farbglas- oder Emailfaden in sich tragen. Diese Stäbchen

werden zunächst in der gewünschten Anordnung dicht an dicht stehend am inneren Umfang eines kurzen Eisenzylinders mit etwa 10 cm Höhe und Durchmesser angelehnt, wobei besonders hervorgehoben werden soll, daß verschiedenfarbige, nebeneinanderliegende Glasfäden durch eine Klarglasschicht getrennt sein müssen, da sonst die Farben miteinander verfließen würden. Dies erreicht man entweder durch Verwendung von mit Klarglas überzogenen Farbglasfäden, bzw., wenn größere und beliebige Abstände bewirkt werden sollen, durch Zwischenfügen von mehreren Klarglasstäbchen.
In den in der Mitte verbleibenden Hohlraum des Eisenzylinders wird nun ein Glaskölbel eingeblasen, das als

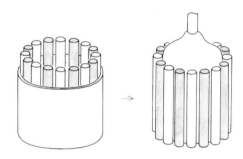

Abb. 44: Herstellung eines Fadenglases in einem Eisenzylinder

Kern diese Fäden aufnimmt und sodann, wenn die Fäden an den Enden gut verstrichen sind, nach gutem Einwärmen im Ofen um etwa 360 Grad verdreht wird. Die einfachsten Formen dieser Technik findet man bei bäuerlichen Schnupftabakgläsern mit zartblau- oder zartrosa-transparenter Innenblase mit einfachen, etwa 12-gängigen Emailfäden, die mit reichlichem Abstand in einer vollen Drehung, also 360 Grad, spiralig um das Glas laufen und somit den geschnürlten Gläsern recht ähnlich sind. Die weitere Veredlung mit dem üblichen Spiegelschliff war obligatorisch.

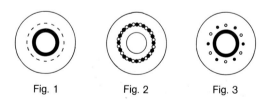

Fig. 1   Fig. 2   Fig. 3

Abb. 45: Schnitte durch den Hals verschiedener Fadengläser

Der Querschnitt durch den Hals zeigt deutlich die Innenblase sowie die Emailfäden zwischen zwei Klarsichtschichten (Fig. 1).

Wesentlich anspruchsvoller wirkt ein weiterer nicht selten anzutreffender und also wohl auch recht beliebter Typus, der sich aber mehr an venezianische Vorbilder anlehnt. Hier werden zwischen zwei Klarglasschichten dicht nebeneinander abwechselnd farbige oder emailweiße Fäden eingelegt (Fig. 2), ebenfalls um etwa 360 Grad verdreht. Der zierliche zwiebelförmige Körper wird mit einem Klarglasfaden maschinell dicht umsponnen und ein Glasfuß appliziert. Besonders wirkungsvoll und von hoher Qualität sind natürlich die Gläser, bei denen verschiedenfarbige Fäden (schwarz, blau, rosa, grün, gelb und weiß) in bestimmten Mustern aufgelegt sind; am verbreitetsten sind allerdings Exemplare mit abwechselnd rosa- oder blau-transparenten und emailweißen Fäden. Bei bestimmten Steigungsverhältnissen und Fadenstärken der Email- und Klarglaswendeln kann auch ein reizvoller Schachbrettmuster-Effekt entstehen mit weißen und rosa oder blauen Feldern.

Die dritte Gruppe ähnelt in der Technik stark der ersten, jedoch wird der Effekt der Emailfäden hervorgerufen durch das Durchscheinen einer weißen Innenblase zwischen Farbglasfäden (Fig. 3). Die Abstände der Farbglasfäden erzielt man durch Zwischenfügen von am Objekt natürlich nicht mehr erkennbaren Klarglasfäden. Die Verwandtschaft zur zweiten Gruppe wird durch die elegante Zwiebelform, äußerliche Verrippung mit dem Klarglasfaden und dem angehefteten Fuß betont. Im Zwieseler Museum ist, allerdings als Sonderfall, ein Exemplar in der üblichen Linsenform zu finden, wo in die Klarglasfadenspirale in wenig glücklicher Manier ein Ringspiegel eingeschliffen ist.

Die Gläser der zweiten und dritten Gruppe stellen ein echtes Zeugnis venezianisierender Experimente dar.

Breit „geschnürlte" Gläser:

Eine schlichter wirkende Abart der Fadengläser war wohl vor allem im bäuerlichen Abnehmerkreis im letzten Viertel des 19. Jh. beliebt geworden: Zwischen breiten, farbigen Schnürln ließ man einen reichlichen Zwischenraum, durch den die Glasrückseite sichtbar blieb und sich so die kräftigen Wendeln in der Durchsicht kreuzten. Um den Effekt noch zu verstärken, wurden vorzugsweise opake Farbglasbänder verwendet.

Die bei einem Glas immer gleichartigen Wendeln bestehen aus meist 8 zwei- bis maximal dreifarbigen Bändern, die etwa um 180 Grad verdreht werden; man spricht dann z. B. von zwei- bis dreifach achtgängigen Schnürln, was durch einen Querschnitt am Hals des Glases leicht veranschaulicht wird:

Abb. 46: Breitgeschnürltes Glas mit Schnitt durch den Hals

Diese vorübergehend recht beliebten Glasl wurden in der Regel ohne weitere Veredelung z. B. durch Schliff ausgeführt und haben deshalb einen schlichten, bäuerlichen Charakter, der nur durch unterschiedliche Farbgebung variiert wird.

Gläser mit geraden Bandeinlagen („Bandlgläser"):

Eine noch reizvollere und wichtigere Gruppe als die der „Geschnürlten" bilden die zeitlich wohl mit ihnen zusammenfallenden „Bandl-Gläser". Die Herstellung ist wieder eine ähnliche wie bei allen Fadengläsern:

Auf dem Umfange einer Vorrichtung stehend verteilte Farbglasstäbchen werden mit einem Klarglaskölbel oder -nabel aufgenommen, anschließend aber nicht verdreht. Der so entstandene Körper wird gut im Ofen aufgewärmt, mit einer Schicht Klarglas überstochen und flachgedrückt.

Bemerkenswert ist dabei, daß die Bandlgläser im Gegensatz zu den übrigen Schnupftabakgläsern anderer Techniken meist eine typische Birnenform besitzen, wobei häufig der Körper recht rundlich, bisweilen sogar kreisrund im Querschnitt ist. Dabei ist dieser Typus aber eine hübsche Variante unter den sonstigen flachen Linsenformen.

Die Ursache für diese spezielle Formgebung ist wohl, daß ein zu starkes Flachdrücken die Regelmäßigkeit und Symmetrie der aufgelegten Bänder stören könnte und sich auch zu große Zwischenräume bilden würden. Gerade diese Kriterien werden aber für die Qualität besonders herausgestellt, und es wurde von den Abnehmern streng darauf geachtet, daß gleichmäßig breite Bänder um den Körper verteilt und am Boden im Mittelpunkt zusammengeführt sind.

Gerade bei diesem Typus findet sich ein besonderer Farbreichtum. Hübsche Glasl weisen die Komposition Blau-Rot-Gelb oder Blau-Rosa auf; dabei wird gerne durch eine Emailunterlage unter den meist transparenten Farbbändern ein opaker Eindruck bewirkt (Fig. 1).

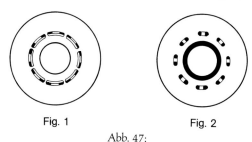

Fig. 1   Fig. 2

Abb. 47:
Schnitt durch den Hals zweier verschiedener Bandlgläser

Bei einer etwas anderen technischen Variante werden die Farbbänder über eine weiße oder auch farbige opake Innenblase gelegt; damit ergibt sich eine Verbindung zum Überfangglas (Fig. 2). Vermutlich versucht man durch diese Anordnung ein unregelmäßiges „Aufgehen" der Bänder zu verhindern, denn das Bestreben bei dieser Technik ist ja, die Bänder möglichst dicht und geschlossen nebeneinander zu setzen, so daß sich Farbstreifen an Farbstreifen legt.

Gläser mit gekämmten Fadeneinlagen („G'rissene"):

Die älteste bekannte Verzierungsart von Farbgläsern ist ein Fieder- oder Fischgrätendekor auf antiken ägyptischen oder mesopotamischen Salbgefäßen, der dadurch entsteht, daß ein spiralig um das Gefäß laufendes Farbband oder Farbglasfädchen in noch heißem Zustand mit einem spitzen haken- oder rechenartigen Werkzeug „gekämmt" wird.

Wie die Abbildung 48 zeigt, lassen sich dabei recht unterschiedliche Muster erzielen. Ausgangsform ist immer der mit einem Glasfaden spiralig umzogene Glaskörper. Der Schuppendekor entsteht bei einem Verziehen des Glasfadens in nur einer Richtung. Beim Fieder- oder Fischgrätdekor wird abwechselnd in beide Richtungen, also nach oben und unten gekämmt. Der Netzdekor ergibt sich durch Zwicken von jeweils nur zwei Fadenreihen in regelmäßigen Abständen. Wellendekor kann durch Einblasen in eine verrippte Form mit anschließender Glättung des Glaskörpers erzeugt werden.

Bei den als „G'rissnen" bezeichneten Schnupftabakgläsern (Fieder- und Schuppendekor) geht man allerdings meist von Mehrfadenbändern aus, die wie bei den Bandlgläsern entweder auf Emailgrund oder über einer opaken weißen Innenblase gekämmt werden.

Die schönsten Gläser dieser Art, deren Farben häufig in rosa und hellblauen Pastelltönen abgestimmt sind, werden zudem mit einem feinen Klarglasfaden maschinell dicht umsponnen, was den kostbaren und eleganten Eindruck noch besonders hervorhebt. Angeblich sollen derartige Arbeiten um 1895 in der Hütte Oberfrauenau ausgeführt worden sein.

Die älteste Form dieser Glasl bilden die einfachen, glatten, weißblauen Exemplare, die sich an kobaltblauen Flaschen mit weißen Bändern aus dem 18. Jh. anlehnen. Wie ein mit „1911" datiertes Glas bezeugt, wurde diese Art in guter Qualität bis in das 20. Jh. hinein gefertigt, und es finden sich auch heute wieder zahlreiche zeitgenössische Versuche, sogar mit umsponnenem Klarglasfaden.

Filigrangläser („Mascherl"):

Wenn man den lebensfrohen Farbensinn und den Stolz auf die handwerkliche Geschicklichkeit verbunden mit erfinderischer Experimentierfreude in der bayrischen Volkskunst erfassen kann, dann versteht man auch, wieso die venezianische Technik der Filigrangläser im

Schuppendekor   Fischgrätdekor   Netzdekor   Wellendekor

Abb. 48: verschiedene Dekorformen in Abwandlung freihändig umsponnener Gläser

Gegensatz zum Kunstglas des Biedermeier sich gerade bei den Schnupftabakgläsern als eine der beliebtesten Varianten, sowohl bei den Abnehmern als auch bei den immer vielseitigen Glashandwerkern, für lange Zeit durchsetzen konnte.

Grundbausteine dieser Technik sind etwa 5 mm starke Klarglasstäbe mit gewendelten feinen Glasfäden in allen möglichen Farben, von denen sich der Glasbläser zu-nächst ein Sortiment zur Auswahl herstellt. Je nach Anzahl und Anordnung der farbigen Fäden, die auch auf verschiedenen Radien in dem runden Klarglasstab eingebettet sein können, entstehen beim Verdrehen desselben in heißem Zustand völlig verschiedenartige Wendeln oder Spiralen. Die Abbildung 49 zeigt dabei nur einige Grundvarianten, die sich auch beliebig miteinander kombinieren lassen (s. auch Abb. 36).

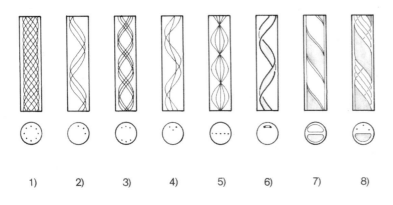

Abb. 49:
Herstellungsprinzip verschiedener Fadenstäbchen für Filigrangläser

1) geschlossen 8 gängig
2) dreifach eingängig
3) dreifach zweigängig
4) zweifach und einfach eingängig
5) fünffädige Rosenkranzperlen
6) gesäumtes Band
7) Bänder mit Zwischenlage (Dreifachband)
8) Band und Fäden kombiniert

Die Herstellung dieser Glasstäbchen entspricht in etwa der der Fadengläser. Allerdings wird nach Aufnahme der Farbglasfäden in der gewünschten Anordnung auf einem Klarglasposten dieser zwischen Zange und Bindeeisen gefaßt und unter gleichzeitigem Verdrehen zu einem langen, etwa 5 mm starken Glasstab auseinandergezogen. Dieser trägt nun in sich die gewendelten feinen Farbglasfäden.

Ein Farbglas wird mit Klarglas überstochen und zu einem Stäbchen ausgezogen (Fig. 1). Mehrere dieser Stäbchen werden an einen Klarglasposten aufgenommen (Fig. 2), aus dem nach Ausziehen und Verdrehen das eigentliche Stäbchen entsteht. (Fig. 3).

Der Glasmacher wählt aus einem Sortiment in Farbe und Typus passende Stäbchen aus und bringt sie in möglichst symmetrischer Anordnung dicht nebeneinander auf ein Klarglaskölbel auf, z. B. wie bei der Fadenherstellung, durch Anwendung eines glatten Eisenzylinders, manchmal auch eines zackigen Vorbläsers, eines „Optischen" als Halterung, oder gar in einer speziellen Stahlvorrichtung:

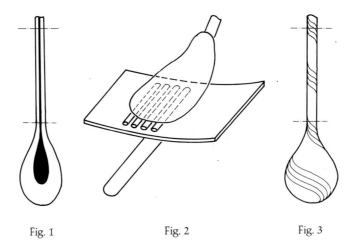

Fig. 1   Fig. 2   Fig. 3

Abb. 50: Herstellung eines Stäbchens für Filigrangläser

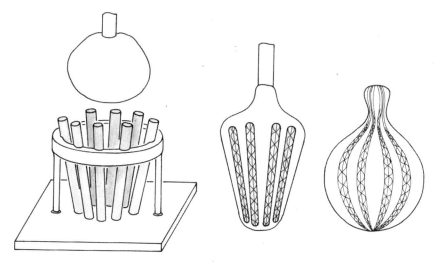

Abb. 51: Herstellung eines Mascherls in einer Vorrichtung

In die so gehaltenen Stäbchen wird ein Klarglaskölbel eingeblasen, das, nachdem es die Stäbchen aufgenommen hat, mit Klarglas überstochen und zum Glasl geformt wird.

Beim Fehlen einer geeigneten Vorrichtung geht man auch so vor, daß die Glasstäbchen auf einem Schamottstein oder dem Eisenschäuferl nebeneinander aufgereiht und durch Abrollen eines kleinen Glaspostens an der Pfeife aufgenommen werden (der Glasmacher spricht vom Aufwuzeln über einen Nabel), wobei die Glasstäbchen dann an die innere Glasl-Wandung zu liegen kommen, die durch Überstechen mit Klarglas gebildet wird:

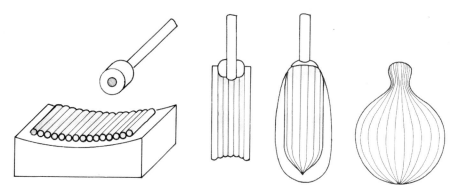

Abb. 52: Herstellung eines Mascherls über den „Nabel"

Bei der endgültigen Formgebung, d. h. der Formung des „Kragens", und vor allem dem Flachdrücken des Glases, ist darauf zu achten, daß die Symmetrie der Glasstäbe erhalten bleibt.

Gelegentlich findet man unter den bunten „Mascherln" auch solche, bei denen an Stelle einiger Filigranstäbchen einfache Farbglasbänder eingelegt sind und dadurch die symmetrische Anordnung noch besonders betont wird. In der Sammlung Schaefer befindet sich ein seltenes Exemplar eines Mischtyps, eines sog. „geschnürlten" Filigranglases, wobei die Filigranbänder spiralig gedreht um den Körper laufen (Nr. 63). Mit dieser kuriosen Abart der Filigrantechnik dürfte nur äußerst selten experimentiert worden sein, da durch das doppelte Verdrehen (einmal des Fadens im Band und einmal des Bandes selbst) vor allem die Rosenkranzperlen leicht wieder „aufgehen" können, d. h. verzerrt werden.

Die Filigrangläser oder „Mascherl" sind in jeder Sammlung zu finden und gehören zu den beliebtesten Feiertagsgläsern. Der Sammler wertet die Verschiedenartigkeit der Filigranformen, Farbgebung und vor allem die Symmetrie.

Mascherl werden seit etwa dem letzten Drittel des vorigen Jahrhunderts bis in unsere Zeit angefertigt und gelten wegen der komplizierten Herstellung als Krönung aller Techniken bei den Schnupftabakgläsern. Dabei ist der Grundtypus aber eigentlich immer gleich geblieben. Besonders gut gelungene Stücke hat in unseren Tagen noch der Rankl Sepp, der ehemalige Meister der Glasfachschule in Zwiesel, hergestellt, aber eigentlich jeder Glasmacher wird diese Herausforderung an sein Talent einmal annehmen. Geschmackvoll, elegant, jedoch stärker an der venezianischen Glaskunst orientiert sind die Fläschchen aus der Werkstatt Stauber aus Passau, die allerdings vor der Lampe geblasen werden (Nr. 150).

Gläser mit gewendelten Bändern über verripptem Glaskörper („G'schleuderte"):

Eine der zahlreichen Mischtechniken unter den Schnupftabakgläsern findet sich bei den recht seltenen sog. „G'schleuderten". An sich könnte diese Gattung den einfach-optischen Gläsern als Ergänzung, z. B. als „flecken-optische Gläser", zugerechnet werden, da aber das farbige Glasband den Hauptcharakter bestimmt, soll sie doch in die Gruppe der Gläser mit Bandeinlagen eingereiht werden.

Ein farbiges Glaskölbel wird in eine Vorbläserform eingeblasen und erhält so eine senkrechte Verrippung, über die spiralig ein Glasfaden anderer Farbe aufgelegt wird. Ist dieser Faden nicht zu dick, dann genügt die starke Erwärmung in einem Trommelofen, damit er an den nicht haftenden Stellen, wo er eine Brücke bildet, abschmilzt. Bei stärkeren Fäden unterstützt eine rotierende Bewegung – das „Schleudern" – unter gleichzeitiger Erwärmung diesen Vorgang. Vorteilhaft ist die Verwendung eines Fadens aus weicherem Glas, da er leichter abreißt. Die Fadenflecken ziehen sich dann als gleichmäßige Spirale gleichgroßer Punkte über den Glaskörper, der anschließend mit Klarglas überstochen und auch weiterveredelt werden kann.

Auch diese recht komplizierte Technik hat ein höheres Alter, als man zunächst vermuten würde. Die mir bekannten Exemplare von „geschleuderten" Schnupftabakgläsern stammen zwar alle aus der Zeit um 1900, oder sogar erst unseren Tagen, ein Exemplar im Louvre in Paris – ein Flacon –, wird jedoch dem 17. oder 18. Jh. zugeschrieben (Abb. 13).

Spezielle Glasmasse und Glaseinschlüsse

Millefiori-Gläser:

In enger Verbindung zur vorigen Gruppe stehen die Millefiori- oder Mosaik-Gläser.
Verschiedenfarbige Glasstäbchen werden so gruppiert und verschmolzen, daß ein Querschnitt durch das Büschel blütenähnliche Formen ergibt. Abgeschnittene Scheibchen werden dann in einem Klar- oder Farbglaskölbel eingesetzt und gut verwärmt. Das so entstehende Hohlglas wird leicht aufgeblasen und in seltenen Fällen auch noch durch Schnitt weiter veredelt (Lit. 27).
Bei den Schnupftabakgläsern wurde diese komplizierte Technik im letzten Jahrhundert äußerst selten angewandt und findet sich erst wieder bei gelegentlichen, meist mißlungenen zeitgenössischen Versuchen. Einige handwerklich wirklich gelungenen Exemplare finden wir ab 1973 bei kleinen Zierfläschchen aus Murano. Die vor der Lampe geblasenen Fläschchen lehnen sich eng an klassische venezianische Vorbilder an.

Glimmereinschlüsse („Flinsglasl"):

Der Einschluß von metallisch wirkenden Glimmerplättchen in der Glasmasse – zurückgehend auf die venezianische Aventurintechnik – kann auf verschiedene Arten erzeugt werden. Ursprünglich wurde der Effekt durch Ausscheidung winziger Kristallplättchen auf Grund einer Reduktion des Kupferoxydes im Glas bewirkt. Ein ähnliches Bild läßt sich jedoch erzielen, wenn eine hauchdünne Goldfolie auf ein Glaskölbel aufgebracht, überstochen und das Glas anschließend weiter aufgeblasen wird, wobei die Folie in kleine Stücke zerreißt.
Bei der Herstellung von Schnupftabakgläsern war die erste Technik wohl zu kompliziert, die zweite zu aufwendig, weshalb man sich damit behalf, die glänzenden Glimmerplättchen des im heimatlichen Urgebirge anzutreffenden Katzengoldes oder -silbers (Kali- bzw. Natronglimmer) einzuschmelzen. Der Glasmacher Apfelbacher aus der Regenhütte soll berichtet haben, daß dieses Verfahren zuerst in der berühmten Schachtenbachhütte vom Glasmacher Bredl ausgeführt wurde (Lit. 3). Angeblich soll später auch die Isolationsmasse von alten Bügeleisen gut geeignet gewesen sein. Meist werden die Flinsflöckchen auf einem farbigen Kölbel, z. B. rot- oder blau-transparent, aufgenommen, das dann farblos überstochen wird. Alte Flinsglasl sind nicht allzu häufig.

Kröselglas („Schwartenmagen"):

Bereits aus dem 17. oder 18. Jh. sind Schnapsflaschen erhalten, bei denen in kobaltblauer transparenter Glasmasse weißopake Glassplitter ein- oder aufgeschmolzen sind (s. Abb. 7). Das Aufnehmen von feinen, farbigen Glassplittern auf ein Kölbel mit anschließendem Verwärmen und evtl. nochmaligem Überfangen mit einer Klarglasschicht ist die einfachste Möglichkeit, dem Glas einen marmorähnlichen Eindruck zu geben. Pazaurek berichtet von allerdings recht seltenen Biedermeiergläsern, die einen derartigen Kröselüberfang erhielten, der z. T. wieder flächig abgeschliffen wurde.
Diese primitive Technik wurde im letzten Jahrhundert nicht für sehr reizvoll gefunden, und auch bei den Schnupftabakgläsern gehören echte, alte „Schwartenmägen" zu den Seltenheiten.
Leider haben in unserer Zeit, in der das Glas jederzeit in allen Farbtönen zu haben ist, ungeschickte Hände gerade diese einfache Technik dazu benützt, um den Schnupftabakgläsern z. T. zu einer recht unerfreulichen Wiederbelebung in großen Massen zu verhelfen. Noch am erträglichsten wirken diese Neuprodukte, wenn der Kröselüberfang auf einem transparenten blauen oder rubinroten Glas aufgebracht ist, oder wenn ein weißer oder gelber Innenüberfang dem Ganzen einen farblichen Zusammenhalt gibt.

Marmor- oder Steingläser:

Leider ist gerade eine der reizvollsten und schwierigsten Glastechniken bei den Schnupftabakgläsern nur äußerst selten anzutreffen. Es handelt sich dabei um die Marmoroder Steingläser, die auf das herrliche Achatglas aus Venedig zurückgehen, das bereits um 1500 in Vollendung hergestellt wurde. Im Gegensatz zu den primitiveren Kröselgläsern, die durch Aufwalzen von Glassplittern entstehen, wurde hier die Marmorierung über verschiedene Metalloxyde erzeugt, die man in Pulverform der Glasschmelze beigab. Durch Erhitzen und Walken der Glasmasse entstanden dann die verschiedenfarbigen Schlieren. Zu Anfang des 19. Jh. erlebte diese Technik im Kunstglas des Biedermeiers eine neue Blütezeit. Vor allem zwei böhmische Glashütten machten sich große Namen: Die Hütte Georgenthal des Grafen Buquoi in Südböhmen lieferte das zunächst rotmarmorierte „Hyalithglas", das später aber vor allem durch eine bisher noch nicht erreichte tiefschwarze Färbung noch mehr Verbreitung fand. Ab und zu taucht auch ein schwarzes Schnupftabakglas auf. Wie bei den häufig für Mascherl- und Fadengläsern verwendeten Schwarzglasfäden handelt es sich dabei aber kaum um buquoi'sches Hyalith, sondern um Schwarzglas, wie es gelegentlich auch heute noch von verschiedenen Glashütten in Hafen geführt wird.

Noch bedeutender als das Hyalith sind aber wohl die Edelsteingläser, die „Lithyaline" von Egermann aus Blottendorf bei Haida in Nordböhmen. Seine fein und in regelmäßigen Schichten marmorierten Einzelstücke wurden eifrig nachgeahmt, konnten aber nie mehr in gleicher Qualität hergestellt werden. Diese herrlichen und edlen Spitzenerzeugnisse handwerklichen Erfindungsreichtums gehören zum Besten, was an geheimnisvoller Mixtur der Glasmasse hervorgebracht wurde. Sie wetteifern tatsächlich mit den Schöpfungen der Natur, den Edelsteinen. Leider sind mir Schnupftabakgläser aus Lithyalin bisher nicht begegnet.

Die Herausforderung der Edelsteinimitation hat schon immer in der Glaskunst bestanden, aber Handwerker aller Epochen mußten erkennen, daß „unser Gott sein eygen Glaßhütten unter der erden hat", wie der der Glasmacherei verbundene Pfarrer Mathesius 1562 so hübsch gepredigt haben soll.

Freihandformen

Die Grundform und Varianten:

Kaum ein Werkstoff ist so gestaltungsfähig wie das Glas, das seine Eigenschaften von zäher, klebriger Masse bis zur Leichtigkeit von hauchzarten, schwerelosen, Gebilden variieren kann. Bürgerliche und höfische Trinkgefäße verschiedener Epochen spiegeln sehr wohl die ganze Bandbreite dieser Gestaltungsmöglichkeiten wider; bei den Schnupftabakgläsern, die ihren zweckgebundenen Charakter nie ganz verloren, beschränkte man sich beim etwa handtellergroßen Einsteckglas auf die flachgedrückte handliche Linsenform, die mit einer birnenähnlichen Abart mit rundem Querschnitt oder mit dem langgezogenen „Wetzstein" eigentlich schon ihre extremsten Varianten hat. Noch einheitlicher gestaltet sind die in Wirtshäusern oder bei Vereinen häufig anzutreffenden Tisch- oder Gesellschaftsgläser, die in Linsenform bis 30 cm Höhe und mehr aufweisen. Als Gegenstück dazu findet man gelegentlich auch Büchsl mit zierlichen Maßen um 4 cm, die an der Uhrkette getragen worden sein sollen, oder für zarte Damen- oder Kinderhände bestimmt waren.

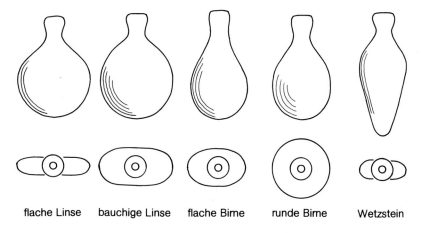

flache Linse   bauchige Linse   flache Birne   runde Birne   Wetzstein

Abb. 53: Die flachlinsige Grundform und ihre Abwandlungen

Bei der dominierenden flachen Linsenform setzte sich dann auch der Spiegelschliff als Standardveredelung vom frühen 19. Jh. bis heute durch.
Weit weniger häufig als die oben beschriebene Grundform mit ihren Abwandlungen findet man figürliche bzw. sinnbildliche Freihandformen, die meist aus dem bäuerlichen oder handwerklichen Alltag entlehnt sind.

Vom „Wetzstein", der gut in die Brusttasche des Handwerkers paßte, wurde schon gesprochen. Als „Zäpfer", eine fichtenzapfenähnliche Variante, war er vor allem bei Holzfällern beliebt. Kunstsinnigere Schnupfer zogen die „Geige" vor, hintergründigere „d'Houdn", und wohl neuen Ursprungs und vermutlich ohne jeden Symbolgehalt sind die zweikugeligen „Schneemänner".

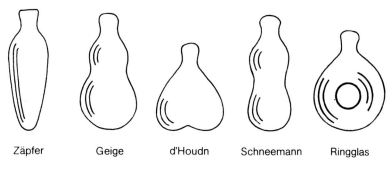

Zäpfer   Geige   d'Houdn   Schneemann   Ringglas

Abb. 54: Verschiedene Freihandformen

Recht hübsch sind auch die Ringgläser, bei denen das schon flachgedrückte Glas mit einer Art Beißzange in der Mitte gelocht und dann mit einem runden Gegenstand aufgetrieben wird. Die Behauptung, daß sich der Schnupftabak in solchen Gläsern länger frisch halte, wird wohl kaum zu halten sein.

Von besonderer symbolischer Bedeutung ist die sog. Neid- oder auch Trotzfaust, die freigeformte Nachbildung einer zur Faust geballten Hand, wobei der Daumen zwischen Zeige- und Mittelfinger gesteckt wird; in einer Geste, die vielleicht am besten mit dem Ausdruck „Ätsch" gedeutet wird, also Freude über das Mißgeschick eines Anderen. Auf den Altarbildern des Jan Polack aus dem Jahre 1492 „Dornenkrönung" und „Ecce Homo" aus der Franziskanerkirche in München, die nun im Bayerischen Nationalmuseum gezeigt werden, verspottet das Volk Christus mit herausgestreckter Zunge, gekreuzten Zeigefingern und der „Neidfaust", ein Beweis für das Alter und die Verbreitung dieser Gebärde. Holl führt in seinem Büchlein über das „Schmalzlerglas" (Lit. 10) aus, daß neben dem unfrommen Wunsche: „Einen Dreck sollst du haben!" auch geizige Schnupfer mit diesem Glas sich vor den ewigen Schnorrern schützten.

Wenig schmeichelhaft wäre bei dieser Auslegung für die Schnupfergilde, daß vor allem dieser Glastyp mit großem Aufwand und liebevollem Geschick ausgeführt wurde. So fehlen Ringe mit schmückenden Glasperlen ebensowenig, wie fein ausgeschliffene Fingernägel und mit Blümchen bemalte Handrücken. Und bei den besten Stücken bildete den Verschluß ebenfalls eine zierliche Neidfaust aus Messing.

Diese schwierigere Form der freihändigen Verarbeitung wird heute wieder sehr gut vom Blechinger Karl in Zwiesel beherrscht.

Aufsetzen von Glasteilen („Gesponnene"):

Sinngemäß gliedert sich dem freihändigen Verformen des Werkstoffes das Applizieren von Glasteilchen als schmückendes Beiwerk an. Als Beispiele sollen das Aufsetzen von blattähnlichen Gebilden bei den mittelalterlichen „Krautstrünken" dienen, eine Technik, die allerdings bei den Schnupftabakgläsern nicht vertreten ist, und das lose freihändige Umwickeln mit farbigen oder emailweißen Glasfäden. Letzteres wird bei den Schnupftabakgläsern auch in unserer Zeit noch gerne gezeigt. Vom dichten Umspinnen mit farblosen oder farbigen Glasfäden mittels einer maschinellen Vorrichtung war schon weiter oben die Rede.

Das Aufsetzen von farbigen Glasperlen um die Spiegel mittels Emailfluß gehört unter die Verzierungsformen der Glasmaler und wird später noch zu erwähnen sein.

Optische Gläser

Einschichtig optische Gläser:

Eine der ältesten Techniken der Hohlglasverzierung ist die der optischen Verrippung. Senkrechte oder gewendelte Rippen erscheinen auf transparentem Glas unter häufig fast ebener Oberfläche.
Bei Jaeger-Fraunberger („Kunstgläser" München 1922) ist nachzulesen:

„Das glühende Külbel wird in eine eiserne zylindrische Vorblasform, welche innen polygonalkantig gestaltet ist, eingeblasen. Die sich blähende Glasblase berührt nun zuerst die einwärtsstehenden Zackenkanten der Vorblasform und staut sich dort. Die Wanddicke wird daher an diesen Stellen stärker als an den auswärtsstehenden, erst später erreichten Kanten. Das der Vorblasform wieder entnommene Glas wird abermals angehitzt, in einen etwas größeren, runden, glatten Model eingebracht und unter Drehen fertiggeblasen. Hierbei enthält das Gefäß eine vollkommen glatte, runde Außenform; innen dagegen verrät sich die polygonale Anlage der Vorblasform noch durch die Verschiedenheiten in der Wandstärke, welche dem Gefäß nun ein streifigflimmerndes Aussehen verleihen".

Zu ergänzen ist dabei noch, daß die gewendelten Rippen durch Verdrehen des Glaskörpers in heißem Zustand entstehen.
Die Anzahl – und vor allem die Varianten optisch geblasener Schnupftabakgläser – ist deshalb so gering, weil für diese relativ kleinen Behältnisse, die ja auch nicht

in größeren Stückzahlen erzeugt wurden, keine geeigneten Formen zur Verfügung standen. Nach Holl wurden nur größere Vorbläser mit Längsverrippung benützt, weil dabei die überschüssige Glasmenge weggeschnitten werden konnte, ohne daß dabei das Muster verändert wurde. Weitere Varianten gehören zu den Seltenheiten, wie z. B. eine Ausführung mit „gezopften" Längsrippen (s. Nr. 85).

Wendel-optische Mehrschichtengläser („Hohlg'schnürlte"):

Eine sehr hübsche Abart der optischen Gläser, die bei Henkeln und Stielen, vor allem aber bei den Schnupftabakgläsern lange Zeit im letzten Jahrhundert von besonders hoher Beliebtheit war und sogar hüttenmäßig ausgeführt wurde, bilden die „hohlg'schnürlten Glasl". Wie der Name recht anschaulich aussagt, kennzeichnen diese Gläser dicht gewendelte („geschnürlte") Luftröhrchen, die bei Glasneulingen gerne große Verwunderung hervorrufen.
Wie bei den eben erwähnten optischen Typen handelt es sich auch hier um Gläser, die in der Form vorgeblasen werden, die allerdings in diesem Fall sehr enge, kantige Rippen aufweist, – meist 16 über den Umfang verteilt –, anschließend aber nicht geglättet werden. Vielmehr wird die vorgeformte, häufig transparentfarbige Glasblase mit einem Mantel überzogen, wobei zwei Glasmacher zusammenarbeiten:

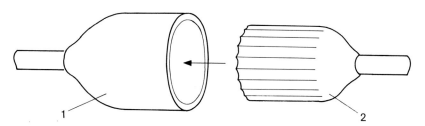

Abb. 55: Herstellungsprinzip eines „hohlgeschnürlten" Glases

Der eine hält das im Vorbläser kantig geformte Kölbel, der andere einen geöffneten Trichter als Mantel oder Überfang an der Pfeife. Beide Gläser werden ineinandergefügt und, nachdem der Trichter von der Pfeife abgeschlagen wurde, durch Verwärmen und Verformen „zugetrieben".
Bei diesem Überfangvorgang füllt nun die zweite Schicht die Hohlkehlen der ersten Schicht infolge der Zähig-

keit der Glasmasse nicht aus, und es bleiben die geheimnisvollen Luftröhrchen, die bei einer Verdrehung des Glaskörpers zwischen Zange und Hefteisen zwei- bis viermal voll gewendelt werden (also um zweimal bis viermal 360 Grad!). Je mehr verdreht wird, desto feiner und enger ziehen sich die Luftröhrchen. Dies so entstandene Glas wird nun flachgedrückt und meist durch Schliff, häufig aber auch zusätzlich durch Bemalung weiter veredelt. Wichtig ist bei der Herstellung auch ein gutes Verwärmen des Kragens mit anschließendem Stauchen, damit sich die Schnürl schließen. Verunreinigungen, z. B. durch Schleifwasser, können dann nicht mehr eindringen.

Eine Besichtigung der Sammlung im Zwieseler Waldmuseum beweist nachdrücklich, daß dieser Typus lange Zeit zahlenmäßig unter den Schnupftabakgläsern am weitesten verbreitet war. Neben den farblosen Gläsern, die eigentlich am schönsten und geschmackvollsten wirken, finden sich zahlreiche Farbvarianten in hellblau, grün, annagelb und rosa; häufig sind auch zwei transparente Farbschichten, z. B. ein grüner Mantel über einem rosa Kölbel.

Zwei Ausführungen sind hier im Schnitt durch den Hals dargestellt:

| 1 2 3 4 | 1 2 3 4 |

1 Klarglasinnenblase
2 rubinrot-transp. Überfang **vor** dem Einblasen in die Form
3 Klarglasmantel
4 Luftkanal

1 rubinrot-transp. Innenblase
2 Klarglasüberfang
3 olivgrün transp. Mantel
4 Luftkanal

Abb. 56:
Schnitt durch den Hals zweier verschiedener hohlgeschnürlten Glasl

Feiertagsgläser weisen manchmal in etwas überladener Manier einen dritten, mit Spiegelschliff versehenen Farbglasüberfang auf; die Spiegel, auf die eine figurale Szene, ein Zunftzeichen oder eine Devise in Emailfarben gemalt ist, sind mit farbigen Glasperlen, sog. „Paterln" umrahmt, die Schliffkanten mit Glanzgold nachgezogen.

Wie einige datierte Exemplare beweisen, wurde diese Technik bis in die Dreißiger Jahre unseres Jahrhunderts hinein ausgeführt, und Neujahr 1974 entdeckte ich das erste „neue Hohlg'schnürlte" in Zwiesel, geblasen von Franz Schreder, allerdings noch unbeholfen gestaltet und mit recht großen „Schnürln". Überlieferungen alter Glasmacher berichten von einer vereinfachten Herstellungsmethode, wie sie wohl bei der Hüttenproduktion in Spiegelau angewandt worden ist (gleiches Verfahren „von der Stange" bei den Geschnürlten und Doppelüberfanggläsern!):

Die zusammengepaßten Teile, das eckige Kölbel und der Trichtermantel werden mittels der Zange bei laufendem Nachwärmen zu einem langen Rohr mit etwa drei cm Durchmesser ausgezogen. Von diesem Rohr, das die Luftkanäle aber noch unverdreht in Längsrichtung aufweist, werden in erkaltetem Zustand je nach Bedarf etwa sieben cm lange Stücke abgeschnitten und über einen offenen Klarglasnabel an die Pfeife aufgenommen. Das Röhrchen wird im Ofen erhitzt, am offenen Ende zugekniffen, gedreht, evtl. noch einmal überstochen, aufgeblasen und fertiggeformt.

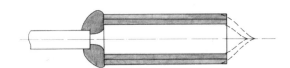

Abb. 57:
Fertigung eines hohlbeschnürlten Glasls „von der Stange" mittels eines „Nabels"

Perloptische Mehrschichtengläser („Bladerl"):

Eine der vorigen sehr ähnliche und vermutlich sogar noch ältere Gattung der Schnupftabakgläser ist die mit reihig eingestochenen Luftblasen. Die sog. perloptischen oder „Bladerl"-Gläser werden auf die gleiche Weise hergestellt, wie die „Hohlg'schnürlten". Der geteilte Vorbläser ist jedoch nicht gerippt, sondern besitzt am Umfang ein bis zwei Dutzend Reihen nach innen stehender Zapfen, die sich beim Aufblasen in das Glaskölbel eindrücken. Beim Überfangen des so vorbereiteten Glaskörpers bilden sich die Luftblasen. Angeblich wurden früher die Einstiche in das Glaskölbel auch durch Abrollen auf einer Art Nagelbrett erzeugt. Dies klingt aber insofern nicht allzu plausibel, da ja zwischen Nagelabstand und Kölbeldurchmesser ein bestimmtes Teilungsverhältnis hätte eingehalten werden müssen.

Wie bei den „Hohlg'schnürlten" handelt es sich hier um eine Technik, die beim Kunstglas hauptsächlich für die Gestaltung von Pokalschäften und Trinkglasstielen Anwendung fand.

Bei den Schnupftabakgläsern war sie seit dem 19. Jh., vielleicht sogar schon früher, recht verbreitet, es finden sich bis auf den heutigen Tag Gläser in praktisch allen Farben. Bemerkenswert ist noch, daß die „Bladerl-Glasl" außer durch den obligatorischen Spiegelschliff selten weiterveredelt wurden und hinter den prunkvollen und überladenen „Hohlg'schnürlten" in Feiertagsausführung weit zurückstanden.

Der Sammler schätzt sie umso mehr, je größer und gleichmäßiger die eingestochenen Blasen sind.

Glasschliff und Glasschnitt

Vorbemerkung:

Schliff und Schnitt gehören zu den ältesten und bedeutendsten Glasveredelungen. Von der uralten Edelsteinbearbeitung kommen handwerkliches Wissen und Gerät. Während bei alten ägyptischen Gläsern eher der Hochschnitt gefunden wurde (das Motiv hebt sich dabei durch Wegschleifen der übrigen Partien heraus), pflegten die Römer den Tiefschnitt, wobei die Darstellung in eine glatte Wandung hineingeschliffen wird. Im 17. Jh., mit dem Beginn der Blütezeit des Glasschnittes in Mitteleuropa, wurde auch vorübergehend die Diamantritzung angewandt, die aber als eigenständige Technik wenig Bedeutung erlangte, meistens als Ergänzung zu Schliff oder Schnitt diente und am Ende des 18. Jh. in Holland zum Glaspunktieren abgewandelt wurde.

Obwohl nahe miteinander verwandt, waren die Glasschleiferei und die Glasschnittkunst jahrhundertelang völlig getrennte Handwerke, und es war noch im 18. Jh. den Zünften strengstens untersagt, beide Techniken auszuüben, weswegen die sog. Kugler-Graveur-Gläser im 19. Jh., die beide Techniken (Kugeln = Schleifen, Gravieren = Schneiden) aus einer Hand aufweisen, als Kuriositäten geschätzt wurden. Nun aber einige Erläuterungen zum Glasschliff und -schnitt:

Während der Glasschnitt zur Glasverzierung oder Veredelung dient, hat der Glasschliff auch weitere Aufgaben:

In den zahlreichen früher mit Wasserkraft arbeitenden Schleifmühlen, die häufig nicht in unmittelbarer Nähe der Glashütten lagen, wurden meist ganz rohe Hohlgläser verarbeitet, wobei das Absprengen der „Kappe", des Überstandes zur Glaspfeife, das Glattschleifen der Ränder, und das „Kugeln", das Abschleifen des Hefteisenbruches die ersten Arbeiten waren. Beim darauffolgenden Grobschleifen (auch als Flächen- oder Eckenschliff bezeichnet), dem Ausschleifen ebener Flächen auf dem runden Glaskörper, wurden die Gegenstände an horizontalliegende schwere Gußeisenscheiben angedrückt, wobei als Schleifmittel Sand und Wasser zugeleitet wurden. Das Fertigschleifen erfolgte auf nassen Steinscheiben und das Polieren, der letzte Arbeitsgang, auf Weichholz. Als Antriebskraft diente früher neben dem Wasser auch die Tretkurbel. Die feineren Schliffarbeiten, der „Muster"-, „Keil"- oder „Kugelschliff" mit vertieften Linien auf dem Glas, wie z. B. Steinelung, Ornamenten u. ä. wurden dann an vertikal stehenden kleineren Scheiben ausgeführt, wobei dem „Kugler" die Schliffkante zugewandt war. Wie beim Eckenschliff wechselten sich auch hier Eisen-, Stein- und Holzscheibe ab.

Ganz ähnlich ist der Vorgang des Schneidens oder Gravierens, bei dem die feinsten Ornamente, Monogramme aber auch vor allem landschaftliche und figürliche Darstellungen, sowie herrliche Porträts hergestellt wurden. Über einen Tretantrieb wurde die Arbeitswelle in Bewegung gehalten, in deren konische Aufnahmeöffnung Kupferrädchen mit variierenden Durchmessern, etwa von 6 cm bis 2 mm eingesteckt werden konnten. Der Glasschneider hielt mit beiden Händen das Glasobjekt an das drehende Rädchen, das auf der Unterseite in ein Näpfchen mit Korundschmiergel eintauchte und formte die Motive durch Hin- und Herbewegen des Glases. Das so entstehende Schnittbild war matt (man spricht des-

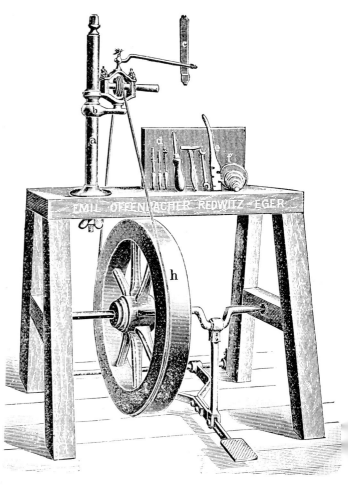

Abb. 58: Arbeitsplatz eines Glasschleifers
(Aus R. Hohlbaum „Die Technologie des Hohl- u. Tafelglases)

halb von Mattschnitt) und konnte mit einem Borsten- oder Korkrad poliert werden.

Heute werden zumindest die Abspreng- und Eckenschliffarbeiten schon in den Glashütten durchgeführt. Das Absprengen geschieht mittels einer meist automatisierten Diamantritzung unter einer Glasflamme. Durch Hitzeeinwirkung wird die Bruchfläche angeschmolzen, so daß hier der komplette Schleifvorgang entfallen kann. Der Eckenschliff wird in Handarbeit ausgeführt, das Polieren geschieht jedoch auf chemischem Wege durch Eintauchen in Fluorsäure. Es existieren aber noch zahlreiche selbständige Handwerksbetriebe für Fein- bzw. Musterschliffarbeiten. Das Handwerkszeug ist dabei im großen und ganzen das gleiche geblieben wie im letzten Jahrhundert, nur die Scheiben werden natürlich über Elektromotoren angetrieben. Die Schliffmotive beim beliebten Bleikristall bezieht man hauptsächlich aus der böhmischen Tradition, und nur gelegentlich trifft man auf eigenständige moderne Entwürfe. Meist führen diese

Betriebe auch die heute recht einfach und einfallslos gewordenen Glasschnitte in Jagdmotiven oder Weinrankendekor auf Bechern, Pokalen, Schnapsgläsern und ähnlichen Trinkgefäßen aus. Das Kupferrädchen, das den Schmirgel auf das Glas überträgt, wird meist durch Kunststeinrädchen ersetzt, die eine rationellere, aber weniger feine Herstellung erlauben.

Einfacher als das traditionelle Verfahren ist eine neuere Arbeitsweise, bei der das Rädchen an einer biegsamen Antriebswelle über das feststehende Glas geführt wird.

Der Grundschliff bei den Schnupftabakgläsern:

An einem häufig anzutreffenden Schnupftabakglastyp, dessen ganzer Körper durch einfache Schliffformen überarbeitet wurde, soll der weitverbreitete in Flächen- oder Eckenschliff ausgeführte Grundtyp näher erläutert werden:

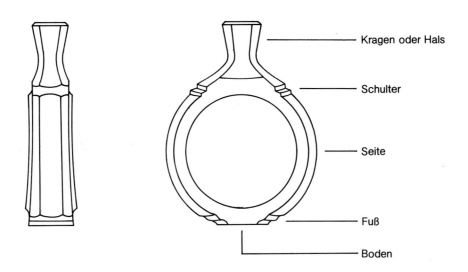

Abb. 59: Der Grundschlifftyp bei Schnupftabakgläsern

Das als Beispiel skizzierte Schnupftabakglas ist vollkommen durch Flächenschliff überarbeitet und besitzt einen 8flächigen Kragen; Schulter und Fuß sind zweimal abgesetzt, die Seiten ohne Verzierung auf Fläche geschliffen, die Fronten weisen zwei Spiegel auf.

In nur geringfügiger Abwandlung davon trifft man auch auf Gläser mit 6flächigem Kragen, einfach abgesetzten Schultern oder Fuß, konzentrischen Doppelspiegeln oder mit Musterschliff verzierten Seiten.

Ähnlich ist aber bei diesem Typ immer die flache Lin-

sen- oder Birnenform mit leicht konischem oder bei älteren Gläsern auch geradem Kragen, sowie der Spiegelschliff, der aber bei neueren Gläsern oft durch einfachen Planschliff ersetzt wird, was bei verschiedenen Techniken durchaus sinnvoll sein kann.

Keilschliffformen: Zier- oder Musterschliff:

Zuerst sollen hier die Keilschliffformen behandelt werden, die die Glasseiten verzieren:

80

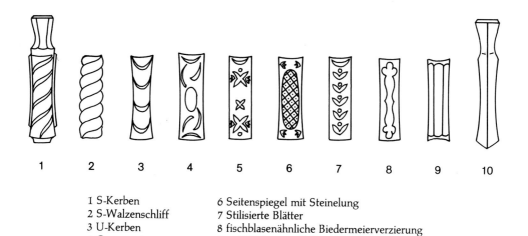

1 S-Kerben
2 S-Walzenschliff
3 U-Kerben
4 Ornamente
5 Kreuzkerben

6 Seitenspiegel mit Steinelung
7 Stilisierte Blätter
8 fischblasenähnliche Biedermeierverzierung
9 auf Fläche geschliffen
10 auf Kante geschliffen

Abb. 60: Einige Seitenschliffformen bei Schnupftabakgläsern

Am verbreitetsten sind Seitenschliffe auf Fläche (9) und mit S-Kerben (1).
Sehr schön ist der seltenere Walzenschliff (2), die Spitzsteinelung (6) und Biedermeiermotive (8). Recht phantasielos wirken oft rein ornamentale Verzierungen (4 und 5).
Vielseitiger ist die Schliffverzierung der Fronten, meist im Spiegel:

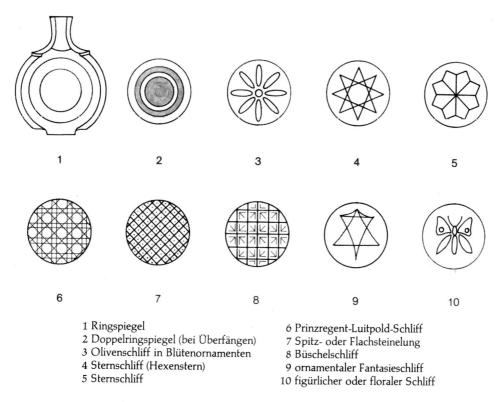

1 Ringspiegel
2 Doppelringspiegel (bei Überfängen)
3 Olivenschliff in Blütenornamenten
4 Sternschliff (Hexenstern)
5 Sternschliff

6 Prinzregent-Luitpold-Schliff
7 Spitz- oder Flachsteinelung
8 Büschelschliff
9 ornamentaler Fantasieschliff
10 figürlicher oder floraler Schliff

Abb. 61: Einige Zierschliffformen auf den Spiegeln von Schnupftabakgläsern

Selbstverständlich findet sich der Zierschliff auch bei Gläsern, die nicht durch den am häufigsten anzutreffenden Grundschliff mit den beiden Spiegeln überarbeitet sind. Gerade für den besonders reizvollen Walzen- oder den seltenen ornamentalen Hochschliff bedeutet die Anlehnung an den Grundschliff ja eine unliebsame Einengung, und dies gilt oft auch für figürliche Darstellungen auf Überfanggläsern. Abschließend noch einige Beispiele für freier gestaltete Ausführungen bei neueren Gläsern:

Abb. 62: Schliffvariationen bei neuzeitlichen Überfanggläsern

Weitere Beispiele finden sich außerdem noch im Bildteil.

Schnitt und Gravur:

Es ist außerordentlich zu bedauern, daß bei den Schnupftabakgläsern die edelste Form der Glasverzierung, der Glasschnitt, sehr wenig gepflegt wurde. Auch bei sehr alten Gläsern sind geschnittene Motive selten, und wenn, dann trägt die flache Ausführung meist naive bäuerliche Züge, die aber zumindest bei den seltenen figürlichen Darstellungen noch durchaus reizvoll sein kann. Gelegentlich treffen wir auf passable florale Motive, am häufigsten diente der Glasschnitt aber dazu, Namen, Initialen oder Berufsbezeichnungen des Besitzers festzuhalten, und sogar diese Arbeiten ließ man, vielleicht aus Kostengründen, häufiger beim Emailmaler ausführen.

In unserer Zeit sieht es noch wesentlich trüber aus, da der zeitgenössische Glasschnitt sich darauf beschränkt, Weinranken oder die immer gleichen Jagdmotive mit Hirsch und Auerhahn darzustellen, wie man sie überall auf Schnapsgläsern, Pokalen oder Bierkrügen findet.

Hatten die Namenszüge oder Initialen im vorigen Jahrhundert noch einen kalligraphisch gut getroffenen Schwung, so wirken sogar diese Arbeiten heute flach und fade. Noch dazu werden die Ornamente auch nicht in ordentlicher Manier geschnitten, sondern flach mit dem Rädchen „gerutscht". Dieser „gerutschte Schnittdekor" mit seiner oberflächlichen Eleganz wurde ab Mitte des 19. Jh. vor allem auf sehr dünnwandigen Gläsern angewandt und vermindert die Qualität der heutigen ohnehin schon einfallslosen Motive noch zusätzlich!

Tröstlich ist nur, daß wenigstens eine Handvoll begabter Glasschneider, die oft nicht einmal die ihnen gebührende Beachtung finden, die alte Tradition erhalten, bzw. sogar nach neuen Wegen suchen.

Glasmalertechniken

Ätzen:

Als Ersatz für eine Färbung durch die Überfangtechnik diente im Biedermeier nicht selten die Ätzung in Gelb oder Rot, d. h. die Silberchlorid- bzw. die Rubinätzung. Dabei wurde in speziellen Werkstätten, also nicht in der Glashütte, ein Silbersalz bzw. Kupfervitriol enthaltender Brei auf das schon geschliffene Glas aufgetragen und eingebrannt. Die Farbe dringt dabei hauchdünn in die oberste Glasschicht ein. Die so entstandenen allerdings nicht unempfindlichen Flächen lassen sich sehr einfach mit Schnittarbeiten verzieren, da der ungeübte Glasschneider nicht in die Tiefe zu gehen braucht.
Noch empfindlicher gegen Beschädigung sind mit rosa, hellgrüner, blauer oder violetter Transparentfarbe lasierte Flächen, wie z. B. die beliebten Medaillons mit Städteansichten bei den Badegläsern.
Bei alten Schnupftabakgläsern stoßen wir, allerdings nicht sehr häufig, auf die Innen- oder Außenfläche auf die rote Rubinätzung, die bei neuen Gläsern manchmal durch Transparentfarbenlasur nachgeahmt wird. Bei der Ätzung der Außenfläche geschliffener Gläser ist die anschließend zusätzliche Verzierung durch Schnittarbeiten die Regel.

Lüstrieren und Verspiegeln:

Wie das Ätzen, so werden auch das Lüstrieren und Verspiegeln heute vom Glasmaler ausgeführt. Der schillernde Lüstereffekt ergibt sich beim Einbrennen von harzsauren Salzen im Muffelofen. Um die Jahrhundertwende war auch noch eine andere Variante der Lüstererzeugung verbreitet, die „Hütteniris", bei der das Glas noch an der Pfeife in einer Iristrommel Metallchloriddämpfen ausgesetzt wurde.
Die Irisierung war vor allem bei den Jugendstilgläsern beliebt, ist aber demzufolge bei den Schnupftabakgläsern der Jahrhundertwende auf wenige Stücke beschränkt.
Die Innenverspiegelung von Schnupftabakgläsern ist bei den neueren Typen nicht selten und wird durch Einfüllen einer Silbernitratlösung in das erkaltete, fertiggeblasene Glas erzeugt. Diese Form der Glasbehandlung geht auf das spätere Biedermeier zurück. Versilberte Doppelwandbecher (die Spiegelschicht mußte vor Beschädigung geschützt werden), Gartenglaskugeln, vor der Lampe geblasene Christbaumkugeln und die in der Form geblasenen Madonnen der Volkskunst sind auch heute noch häufig anzutreffende Vertreter der damals recht umfangreichen Produktion.

Goldauflagen und Vergoldung:

Das Einlegen radierter Goldfolie zwischen zwei exakt passenden Glasschichten wurde schon in der römischen Glaskunst mit Geschick beherrscht und findet seine Krönung in den herrlichen Medaillonarbeiten Mildners Ende des 18. Jh.
Schnupftabakgläser als volkstümliche Erzeugnisse weisen diese schwierige Technik natürlich nicht auf, und die Verzierung des Glases mit dem edlen Metall beschränkt sich hier auf die Goldmalerei. Man unterscheidet dabei zwei Techniken, die haltbare Feuervergoldung mit anschließender Politur und die dünne und wenig haltbare Glanzvergoldung, bei der auf die mühsame Politur verzichtet werden kann. Das Poliergold wird als in Terpentin gelöstes Goldpulver aufgetragen, im Muffelofen eingebrannt und mit Achatstift oder Blutstein poliert. Das Glanzgold wird durch Einbrennen von in Schwefelbalsam gelöstem Schwefelgold auf der Glaswandung erzeugt und weist dabei sofort den gewünschten, aber eben nicht haltbaren Goldglanz auf. Die Anwendung dieser einfacheren Methode auf gelegentlich herrlich ausgeführten alten Schnupftabakgläsern ist sehr zu bedauern, da fast immer nur Reste dieser Goldmalerei erhalten bleiben.
Meist beschränkt sich die Goldbemalung jedoch auf das Nachziehen von Schliffkanten der Spiegel und der Seiten, eine Verzierungsart, die bei emailbemalten Gläsern des späten 19. Jh. bis in unsere 20er Jahre die Regel war.

Drucke und Abziehbilder:

Eine besonders liederliche Variante der Glasmalerei ist das Aufbringen von Drucken oder Abziehbildern, die heute wieder häufig verwendet werden. Dabei werden diese Darstellungen auch oft mit Emailfarben übermalt, um den Eindruck eines eigenständigen Kunstwerkes vorzutäuschen. Das Abziehbild dient also als Vorlage für eine meist noch dazu schlechte Malerei.
Im Zwieseler Museum finden sich einige vermutlich aus der Spiegelauer Hüttenfertigung um 1900 stammende grüne Schnupftabakgläser mit z. T. nur noch in Resten vorhandenen Landschaftsdarstellungen in Abziehbildtechnik.
Wenigstens ein gewisser Reiz läßt sich noch da finden, wo ebenfalls Anfang unseres Jahrhunderts Fotografien der Eigentümer auf den Frontspiegel aufgebracht wurden, die unter ihren martialischen Schnurrbärten manche duftende Prise verstaut haben mögen. Diese Technik des

„eingebrannten" Fotos soll übrigens heute nicht mehr allgemein bekannt und tatsächlich sehr schwierig sein. Ein diesbezügliches Patent hat angeblich um die Jahrhundertwende die Glasmalerwerkstatt Ulbrich in Zwiesel erworben, aber nicht weiter ausgenützt.

Email- und Flachfarbenmalerei:

Problematisch bei der Bemalung von Glaskörpern ist die Haltbarkeit der Farbauftragung. Wird die Farbe auf das kalte Glas aufgebracht, ist ein Firnisüberzug das Mindeste, um die Farbe vor Feuchtigkeit und Beschädigung zu schützen. Die Kaltbemalung wird seit der Antike bis zum heutigen Tag gepflegt, da der Künstler die Farben gut beurteilen kann und Glas und Malerei nicht dem Risiko des Muffelofenbrandes aussetzen muß.
Die Bemalung von Hohlgläsern mit Schmelzfarben, kurz (wenn auch nicht immer treffend) als Emailmalerei bezeichnet, geht ebenfalls auf Handwerkstechniken der Antike zurück. Dabei werden verschiedenfarbige Glasflüsse auf den Glaskörper aufgetragen und eingebrannt, wobei Glasfarbe und Glas unlösbar miteinander verschmolzen werden. Die Emailfarben werden aus pulverisiertem, leicht schmelzbarem Glasfluß, der mit Metalloxyden eingefärbt ist, mit Terpentinöl angerieben. Da verschiedenartige Metalloxyde für die Farbtöne erforderlich sind, ergeben sich auch unterschiedliche Schmelzpunkte. Die Kunstfertigkeit beim Einbrennen, das bei Temperaturen um 700 bis 800 Grad Celsius vorgenommen wird, besteht nun darin, trotzdem alle Farben in gleichmäßiger Frische zu erzeugen. Die Venezianer, die als erste diese schwierige Technik perfekt beherrschten, untersagten ihren Handwerkern unter Androhung der Todesstrafe, Venedig zu verlassen, damit nicht diese oder auch andere besonderen Künste der Glasmacherei ins Ausland getragen wurden.
Als zusätzlich erschwerend kommt bei der Emailmalerei noch hinzu, daß manche Farben sich beim Schmelzen im Ton verändern, was bei der Farbkomposition ja berücksichtigt werden muß.
Man unterscheidet die Malerei mit opaken und transparenten Farben. Die undurchsichtigen Farben, die durch Zusatz von Zinnoxyd hergestellt wurden, dominieren durch alle Epochen, bis im 19. Jh. die feinen Transparentmalereien von Kothgasser und Mohn zu großer Beliebtheit kamen. Die Ausführung der opaken Emailmalerei im 18. und 19. Jh. blieb weit hinter den Spitzenerzeugnissen des 16. und 17. Jh. zurück. Die Glasmaler (die besseren Kräfte waren längst zum Porzellan übergewechselt) standen tief im Schatten der Glasschneider und beschränkten sich auf schlecht und einfallslos ausgeführte Volkskunstmotive, wie Berufsdarstellungen und Zunftzeichen. Neben Schnapsflaschen, Zunftbechern, Krügen und Einsteckflaschen finden sich diese Arbeiten auch ab etwa 1800 auf flachen, farblosen Schnupftabakgläsern. Im 19. Jh. treffen wir häufiger auf die einfachere, aber nicht sehr haltbare Technik der Flachfarbenmalerei auf starker, weißer Emailgrundierung, wobei die Schmelzfarben in dünnerer Lage aufgebracht und so viel einfacher verarbeitet werden können. Wenigstens hier kann man gelegentlich auf Darstellungen landschaftlicher Szenerien oder figürlicher Motive in sorgfältiger Ausführung stoßen.

Auf- und Einsetzen von Fremdteilen

Einglasen von Gegenständen:

Als Randgebiete der Glasverzierung soll hier noch kurz das Einschließen von Gegenständen in der Glasmasse Erwähnung finden. Solange es sich um hitzebeständige Materialien handelte, war dies kein großes Problem. So findet sich das Einglasen von Münzen im 19. Jh. nicht selten, und besonders beliebt zu dieser Zeit waren die sog. eingeglasten Pasten, porzellanartige Reliefs, vor allem die Porträts zeitgenössischer Persönlichkeiten. Die aus dem 18. Jh. bekannten Einglasungen beinerner Würfel, die ja nicht mit dem rotglühenden Glas in Berührung kommen durften, werden vermutlich eher durch Zusammenpassen zweier Gläser in kaltem Zustand eingeschlossen worden sein.

In unseren Tagen trifft man in Nachahmung dieser Techniken gelegentlich auf Schnupftabakgläser mit eingeglastem Pfennig- oder Zehn-Pfennig-Stück. Es handelt sich dabei um Ringgläser, bei denen die Münze im Loch zwischen zwei Glasschichten eingelegt ist.

Etwas peinlich wird der Vorgang dann, wenn man das Geheimnis in ähnlicher Form „eingeglaster" Fotografien, die ja die Temperatur der erhitzten Glasmasse nicht unbeschädigt überstehen könnten, als Verkitten zwischen zwei Gießharzschichten (Polyester) entlarvt.

Es soll aber nach Aussage einiger Glasmacher früher tatsächlich eine Technik des Einglasens gegeben haben, bei der auch brennbare Gegenstände nicht zerstört wurden, indem sie vorher mit einer wasserglasähnlichen Substanz bestrichen wurden.

Aufsetzen von Glasperlen (Paterlgläser):

Besonders hübsch ist bei den Schnupftabakgläsern das Aufsetzen von farbigen, gelegentlich auch facettierten Glasperlen. Sie wurden vom „Zangler" mittels der Paterlzange vom glühenden Glasfaden abgewickt. Die Haftung auf der Glaswandung kommt durch Einbrennen mittels Emailfluß zustande, ist also Glasmalerarbeit. Die Glasperlen werden dabei ringförmig um die Spiegel angeordnet, und fast immer waren so geschmückte „Paterlgläser" auch mit Gold- und Emailmalereien verziert. Diese Technik, die angeblich aus Böhmen stammen soll, war vor allem bei den Feiertagsgläsern sehr beliebt und wurde vom zweiten Drittel des 19. Jh. bis Anfang des 20. Jh. häufiger ausgeführt.

Ergänzend kann noch erwähnt werden, daß in ganz seltenen Fällen auch echte Waldperlen aus den Flüssen des Bayerischen Waldes zur Verzierung verwendet wurden. Über Jahrhunderte wurde die begehrte Perlmuschel in den Waldbächen gesucht, und die Gebietsherren ließen jeden hängen, der beim Perldiebstahl ertappt wurde. Heute sind die Waldperlen aus den meisten Bächen verschwunden und finden sich nur noch in der Rinchnacher Ohe.

BILDKATALOG:

1 Klarglas unveredelt
Bayerischer Wald, 19. Jh.

Derartige, völlig unveredelte
Gläser wurden früher
„Ordinariglasl" genannt.

2 Farbglas geschliffen
Bayerischer Wald, 20. Jh.

Die Kragenform zeigt, daß dieses
im typischen Schliffbild sauber
ausgeführte Glas wohl erst in
unseren Tagen entstanden ist.
Die Farbe wird als „Selenrubin"
bezeichnet und ist in ihrem warmen
Ton dem alten Kunckel'schen
Goldrubin nicht unähnlich.

Transparente Farbgläser

3 Farbglas unveredelt
Bayerischer Wald, 1. Hälfte 19. Jh.

Dieses flache, sehr alte Glas stellt
unter Beweis, daß auch eine
Beschränkung auf den reinen
Nutzeffekt und der Verzicht auf jede
Veredelung hohe Eleganz nicht
auszuschließen brauchen!

4 Farbglas mit Schliff und Schnitt
Bayerischer Wald, 1. Hälfte 19. Jh.

Ein altes Glas
in geschmackvoller Ausführung.
Vorder- und Rückseite sind
plangeschliffen und weisen (noch?)
keine Spiegel auf. Rückseitig
die gravierten Initialen PB.

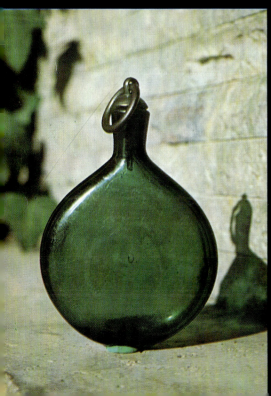
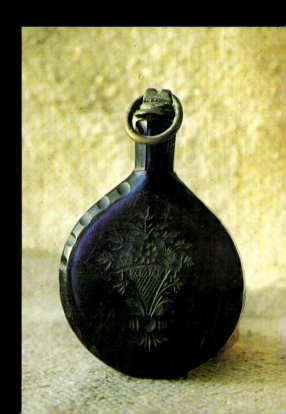

5 *Farbglas geschliffen*
gravierte Namens-, Berufs- und
Ortsbezeichnung
Bayerischer Wald, um 1900

Der Seitenschliff gibt ganz
deutlich die Entstehungszeit an.
Es handelt sich sicher um eine
Hüttenproduktion; die Farbe wurde
als „Antik" oder „Antikgrün"
bezeichnet. Rückseitig die Orts-
angabe „Osterhofen".

6 *Farbglas in Walzenschliff*
Bayerischer Wald, 19. Jh.

Der seltene Walzenschliff
weist auf ein beträchtliches
Alter hin.

Transparente Farbgläser

7 *Farbglas unveredelt*
Bayerischer Wald, um 1900

Nicht allzu häufig kommt die hübsche
Aquamarinfärbung vor. Aus-
grabungen legen bei diesem Farbton
eine Herstellung in der Spiegelhütte
nahe, vermutlich wurde er aber
auch in Spiegelau geführt.

8 *Farbglas geschliffen*
Oberpfalz (?), 19. Jh. (?)

Mit dem schlanken, sehr langen
Kragen, den konkaven Spiegeln und
den kantigen Seiten läßt sich
dieses Glas örtlich wie zeitlich schwer
festlegen.

9   *Uranglas, annagelb*
Steinschönau (?), 19. Jh. (?)

Ein hervorragend geschliffenes Glas
mit feuriger Fluoreszenz, vermutlich
nicht zu alt, wohl aber aus
Böhmen. In der Ausführung steht es
den Kunstgläsern nicht nach!

10   *Uranglas, annagrün, geschnitten*
Böhmen (?), Ende 19. Jh.

Der tiefgrüne Farbstich weicht von den
zahlreichen bayerischen annagelben
Gläsern deutlich ab (evtl. Hütte
Eleonorenhain?). Ebenso deutet der sehr
sorgfältig ausgeführte Glasschnitt
die böhmische Herkunft an.
Rückseitig detailliert geschnittenes
Blumenbouquet.

Urangläser

11   *Uranglas, annagelb*
Böhmen (?), 19. Jh.

Bemerkenswert der sorgfältig
ausgeführte, geschmackvolle
Steinelschliff auf den Spiegeln.

12   *Uranglas, annagelb, geschnitten*
Böhmen (?), 19. Jh.

Ein elegantes Glas von hoher
Qualität mit ungewöhnlich gutem
Schnitt auf den Hochschliffmedaillons
der Spiegel. Seitlich ein um den
Fuß gezogenes Steinelschliffband. Das
hintere Medaillon zeigt die fein-
verzierten Initialen MM.

13   *Milchglas mit Emailmalerei*
Bayerischer Wald oder Böhmen, 18. Jh.

Einer der ältesten Typen von Schnupf-
tabakgläsern. Hier ein interessantes
Einzelstück in hervorragender
Qualität (vgl. Abb. 15),
Rückseite siehe nach Nr. 115.

14   *Opakglas mit Emailmalerei*
Bayerischer Wald, Ende 19. Jh.

Eine so detaillierte Flachfarbenmalerei
ist selten anzutreffen. Sie hebt sich
deutlich von dem sonst üblichen Typus
ab (Nr. 119 f). Das blaue Glas
wurde vermutlich durch Kryolith-
beimengung opakisiert. Die hintere
Seite zeigt die Namensbezeichnung
„Josef Fischer".

Trüb- und Opakgläser

15   *Trübglas mit Emailmalerei*
und Glasperlenbesatz
Bayerischer Wald, Mitte 19. Jh.

Geschmackvoller,
unaufdringlicher Entwurf.
Rückseitig die Initialen G. M.

16   *Trübglas überfangen*
Bayerischer Wald, Mitte 19. Jh.

Vermutlich eine der qualitativ so
hervorragenden Arbeiten der auf
diese Art von Gläsern
spezialisierten Schachtenbachhütte.

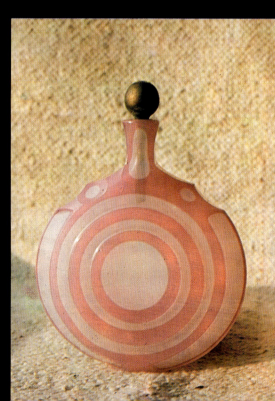

17 Trübglas
Bayerischer Wald, Mitte 19. Jh.

Hier weist neben der eingefärbten
Trübglasmasse auch die feine
Glanzgoldmalerei auf die Herkunft
aus der Schachtenbachhütte um
ca. 1860 hin.

18 Trübglas mit Emailmalerei
Bayerischer Wald (?), um 1880

Die feine und sehr detailliert
ausgeführte Malerei könnte evtl. im
grenznahen oberösterr. Schwarzen-
berg ausgeführt worden sein
(vgl. Becher auf Abb. 10).
Umseitig die Devise „Andenken".

Trübgläser

19 Trübglas
Bayerischer Wald, 2. Hälfte 19. Jh.

Die Malerei ist deutlich schlechter als bei der
Nr. 17. Ähnliche Farbglastöne findet man beim
Kryolithglas der Hütte Buchenau. Auf der
Rückseite die Devise „Zum Andenken".

20 Trübglas mit Flußperlenbesatz
Bayerischer Wald, um 1890

Dieses herrliche Einzelstück, seit vier Generationen in Familienbesitz, erhielt der spätere
Totengräber (vormals Zinngießer) Josef Seidl
von seinem Vater zur Hochzeit (rückseitig
die Namensbezeichnung J. Seidl). Angeblich besteht
der Besatz aus Bayerwald-Flußperlen.
Interessant auch der feingeschnitzte Holzver-
schluß, der sich bei diesen farbigen Trübgläsern
häufiger findet.

21 Glas mit Rosalininnenüberfang
    Böhmen (?) 19./20. Jh.

    Hübsches Glas in der hand-
    lichen Birnenform.

22 Überfangglas geschnitten
    Bayerischer Wald, um 1900

    Bemerkenswert der Innenüberfang
    im beliebten Flinsgrün.

Überfanggläser

23 Überfangglas mit Innenblase
    Böhmen, 19. Jh.

    Der unübliche, elegante Glasverschluß
    und der typische Biedermeierschliff
    legen die Herkunft aus Böhmen nahe.
    Ähnliche Arbeiten sollen u. a.
    in der Hütte Annathal bei Unter-
    reichenstein ausgeführt worden sein.

24 Überfangglas mit Innenblase
    Bayerischer Wald, um 1910

    Die Kombination eines weißen
    Innen- mit einem blauen Außen-
    überfang ist bei den älteren
    Gläsern selten, findet sich aber
    ab 1960 häufig.

25 *Doppelüberfangglas*
   Bayerischer Wald, um 1890

   *Wie die folgenden Gläser in
einer sehr verbreiteten Überfangtechnik. Individueller Schliff.*

26 *Doppelüberfangglas*
   Bayerischer Wald, um 1890

   *Ein sehr eigenwilliger
Schlifftyp, der bei diesen Überfanggläsern aber nicht allzu
selten ist (Bodenmais?).*

Doppelüberfanggläser

27 *Doppelüberfangglas*
   Böhmen (?) um 1900

   *Im Habitus und Schliffbild ein recht
ungewöhnliches Einzelstück von
großer Eleganz, die Anklänge an
den Jugendstil zeigt.*

28 *Doppelüberfangglas*
   Spiegelau, um 1910

   *In der Farbgebung ausgefallen, aber
deutlich schlichteres Schliffbild als z. B.
die Nr. 26. Weitere seltene Farbtöne
in dieser Doppelüberfangtechnik sind
u. a. in orange, hellbraun und grün
bekannt. Derartige Überfanggläser
scheinen eine Spezialität der Hütte in
Spiegelau gewesen zu sein, wo sie
in großen Mengen produziert wurden.*

29   *Doppelüberfangglas*
           Bayerischer Wald, um 1890

           Dieses entzückende Glasl in
           Birnenform ist schon wegen der
           feinen und liebevoll aus-
           geführten Emailmalerei ein ganz
           besonderes Einzelstück.

30   *Zweifachüberfangglas*
           Böhmen (?), um 1900 (?)

           Hübsches, zierliches Glas in
           Hochschlifftechnik. Der blaue Glas-
           posten ist weiß-rot überfangen.
           Es handelt sich also nicht um ein
           Dreifachüberfangglas.

Mehrfachüberfanggläser

31   *Dreifachüberfangglas*
           Böhmen (?), Ende 19. Jh. (?)

           Interessanter Schliff.
           Frühe Dreifachaußenüberfanggläser
           sind äußerst selten.

32   Fadenglas
        Bayerischer Wald, 19. Jh.

        Einfache Ausführung mit Email-
        fäden vor Rosalininnenblase.

33   Fadenglas
        Bayerischer Wald, 19. Jh. (?)

        Kobaltblaue Fäden auf Milchgläsern
        finden sich auch auf sehr frühen
        Schnapsflaschen häufig.

Fadengläser

34   Fadenglas
        Böhmen, 19. Jh.

        Flaches, geschmackvolles
        Glas mit sehr gutem Büschelschliff.
        Der hellgrüne Faden ist selten.

35   Fadenglas
        Böhmen (?), 19. Jh.

        Sehr gleichmäßige Fäden auf
        einem birnenförmigen Glas.

36   *Fadenglas umsponnen*
        Bayerischer Wald, um 1900.

        Ein bildschönes Einzelstück mit
        sehr wirkungsvoller Anordnung der
        verschiedenfarbigen Glasfäden.
        Bei diesem Typus des umsponnenen
        Fadenglases ist die Linsenform
        ungewöhnlich.

37   *Fadenglas umsponnen*
        Bayerischer Wald, um 1900.

        Interessant die verschiedenfarbigen
        Fäden bei diesem Glas
        in der typischen Birnenform.

Fadengläser umsponnen

38   *Fadenglas umsponnen*
        Bayerischer Wald, um 1900.

        Sehr zierliches Glas,
        die blauen und rosa Fäden liegen
        vor einer Emailinnenblase.

39   *Fadenglas umsponnen*
        Bayerischer Wald, um 1900

        Diese einfachere Variante mit dichten
        weißen Fäden vor einem farbigen
        Innenüberfang (rosa, blau oder hellgrün)
        ist am weitesten verbreitet.
        Die Gläser, die mit Birnenform,
        maschinell gesponnenem Klarglasfaden
        und appliziertem Fuß auch sonst
        die gleichen Merkmale aufweisen,
        dürften wohl aus einer Quelle stammen.

40 *Fadenglas*
Bayerischer Wald, 19. Jh.

Dieses sicher frühe Glas stellt eine
Art Überleitung der Fadentechnik
zu den folgenden Nrn. dar.
Hübsch die handliche Birnenform!

41 *Breitgeschnürltes Glas*
Bayerischer Wald, um 1900

Wie die folgenden Nrn. zeigt dieses
Glas einen außerordentlich
häufigen Typus, allerdings mit einem
seltenen hellblauen Band.
Geschliffene Gläser dieser Art sind
weniger verbreitet und eigentlich
auch nicht allzu attraktiv
(vgl. die Nr. 43).

Breitgeschnürlte Gläser

42 *Breitgeschnürltes Glas*
Bayerischer Wald, um 1900

Beliebt waren seinerzeit die
„Geschnürlten" in den Landesfarben
schwarz-weiß-rot. Interessant
hier die Verwendung des seltenen
Schwarzglases, anstelle des sonst
üblichen fast schwarzen Dunkelrotes!

43 *Breitgeschnürltes Glas,*
geschliffen und bemalt
Bayerischer Wald, dat. 1911

Wie die beiden vorigen Nummern
wohl eines der zahllosen
Glasl aus der Hüttenproduktion in
Spiegelau oder Spiegelhütte.

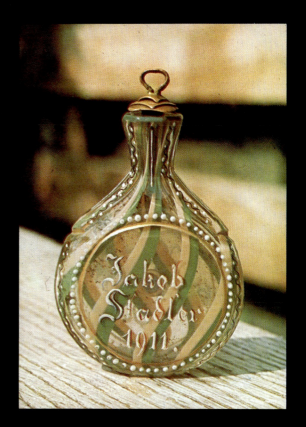

44   *Bandl-Glas*
Bayerischer Wald, um 1900

Sehr gut ausgeführtes Glas
mit besonders gleichmäßigen vierfarbigen
Bändern in bauchiger Birnenform.

45   *Bandl-Glas*
Bayerischer Wald, um 1900

Dieses Glas ist im Hinblick
auf Größe und Form in dieser
Technik ein Einzelstück.
Umso bemerkenswerter sind bei
der flachen Linsenform hier
die symmetrischen Bänder!

„Bandl"-Gläser

46   *Bandl-Glas*
Bayerischer Wald, Ende 19. Jh.

Ausgefallen sind die Bänder
in grobkörnigem Flinsgrün, das im
Gegensatz zur viel feineren
Farbe unserer Tage sehr wohl noch –
wie Quellen berichten – vom
Glasmacher selbst durch Zerreiben
von Glimmer in der Kaffeemühle
hergestellt worden sein könnte!

47   *Bandl-Glas*
Bayerischer Wald, Ende 19. Jh.

In der Farbgebung stellt dieses Glas eine
Art Umkehrung der Nr. 45 dar. Die Form
ist jedoch von ganz außergewöhnlicher
Zierlichkeit und dürfte dem Schnupfer be-
merkenswert gut in der Hand gelegen sein!

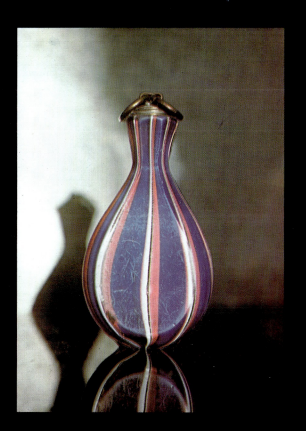

48   *Gerissenes Glas*
Bayerischer Wald (?), Anfang 19. Jh.

Diese Technik und Farbgebung
waren bei den Schnapsflaschen
des 18. Jh. sehr häufig.

49   *Gerissenes Glas*
Bayerischer Wald, Mitte 19. Jh.

Der hellgrüne Grundfarbton
könnte hier auf die Schachten-
bachhütte oder eine ihrer
Nachfolgerinnen hinweisen.

Gerissene Gläser

50   *Gerissenes Glas*
Bayerischer Wald, 19. Jh.

Eine besonders hübsche „Birn".
Interessant die dreifarbigen
Fäden (mit Flinsgrün!) auf dem
Milchglas.

51   *Gerissenes Glas*
Bayerischer Wald, 19. Jh.

Hervorzuheben sind bei diesem
liebevoll gestalteten Einzelstück
die regelmäßigen eingestochenen
Blasen.

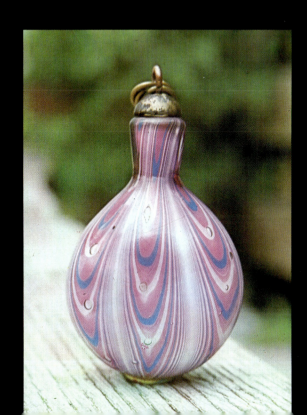

52   Gerissenes Glas, umsponnen
     Bayerischer Wald, um 1900.

     Die zart pastellfarbenen Fäden
     liegen auf Emailgrund.

53   Gerissenes Glas, umsponnen
     Bayerischer Wald, um 1900.

     Bei diesem Glas liegen die Fäden
     vor einer Emailinnenblase.
     Leider können aus Platzgründen hier
     nicht mehr dieser eleganten und
     farblich so vielseitigen Gläser gezeigt
     werden, die anfangs wohl
     alle aus einer Hand stammten.

Gerissene und umsponnene Gläser

54   Fadenglas mit Fiederdekor,
     umsponnen
     Bayerischer Wald, um 1900.

     Die Fäden mit gegenläufig
     gerichtetem Kammzug liegen
     vor einer Emailinnenblase.

55   Fadenglas mit Netzdekor
     Bayerischer Wald, 20. Jh.

     Späteres Glas, das wohl die
     Netzglastechnik nachahmen soll.

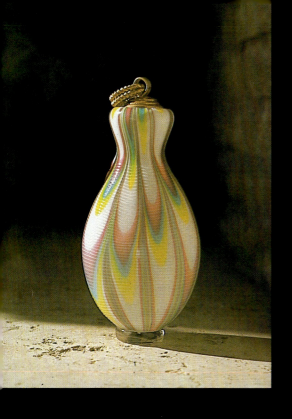

56   *Filigranglas*
Bayerischer Wald, um 1900

Sehr gut ausgeführtes Glas
mit regelmäßigen Fäden in
ausgefallenen Farben.
Nach Blau sollen „Mascherlgläser"
eine Spezialität des Zwieseler
Raumes gewesen sein.

57   *Filigranglas*
Bayerischer Wald, um 1900

Feinmaschiges Glas mit hübschem
Walzen-Seitenschliff.

Filigran- oder Mascherlgläser

58   *Filigranglas*
Bayerischer Wald, um 1900

Von diesen Fadenanordnungen
und -farben sind einige
identische Stücke bekannt. Da die
Spiegelauer Preisliste keine
Mascherl enthält, wird es sich
aber wohl doch um geschundene
Glasl handeln!

59   *Filigranglas*
Bayerischer Wald, um 1900

Bei diesem Glas wirken vor
allem die zarte Farbgebung und
die ruhigen Bänder.
Schliff identisch zur vor-
hergehenden Nr.!

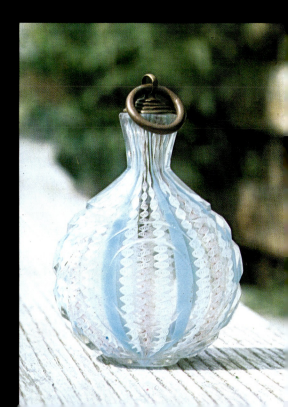

60   *Filigranglas*
Bayerischer Wald, um 1900

Auch dieser Typ ist in einigen
Exemplaren bekannt, wobei
allerdings die Farben variieren.

61   *Filigranglas*
Bayerischer Wald, um 1900

Bemerkenswert die braunen
Bänder und die sehr feinen
Rosenkranzperlen.

Filigran- oder Mascherlgläser

62   *Filigranglas*
Bayerischer Wald, um 1910 (?)

Die „Mascherlgläser" als beliebte
Feiertags- und Einzelstücke
wurden grundsätzlich durch Schliff
veredelt. Dieses seltene Exemplar
eines alten Filigranglases ohne Schliff
hat aber vor allem durch seine Hand-
lichkeit einen eigenen Reiz!

63   *Filigranglas, geschnürlt*
Bayerischer Wald, um 1900

Ein absolutes Einzelstück:
Der Versuch, die Mascherltechnik
durch Verdrehen an der Pfeife zu
variieren. Leider gehen dabei die
Rosenkranzperlen auf! Hier zeigt
sich wieder die Experimentierfreudig-
keit des Glasmachers.

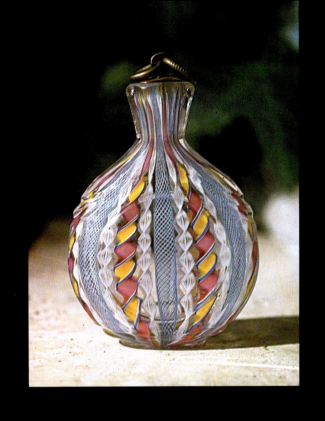

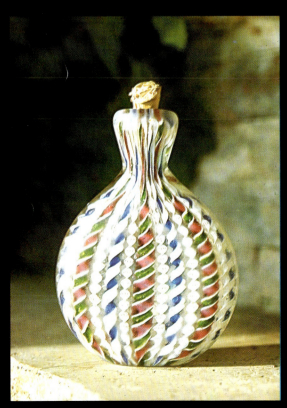
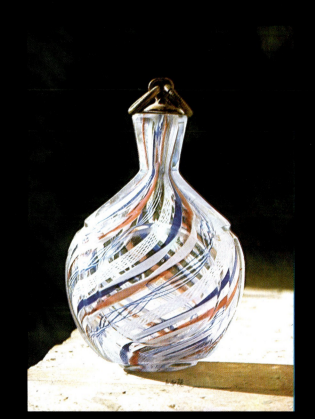

64   *Fleckenoptisches Glas*
Bayerischer Wald, um 1910 (?)

Dieses Glas hat mit seinen großen
gelben Flecken auf blauem
Grund eine besonders reizvolle
Wirkung. Unüblich bei den
„Geschleuderten" ist der Schliff.

65   *Fleckenoptisches Glas*
Bayerischer Wald, 20. Jh.

Flache Form mit sehr gleich-
mäßigen kleinen Flecken. Die
Verrippung durch die Vorbläser-
form ist deutlich zu erkennen.

Fleckenoptische oder geschleuderte Gläser

66   *Fleckenoptisches Glas*
Bayerischer Wald, um 1910 (?)

Interessant sind bei diesem
Stück die mehrfarbigen Flecken,
die wie bei der folgenden Nr.
durch die Verwendung eines
mehrfarbigen Fadens zustande
kommen.

67   *Fleckenoptisches Glas*
Bayerischer Wald, um 1910 (?)

Auch hier sehr hübsche mehr-
farbige Flecken aus einem
gleichmäßig (maschinell?)
gesponnenen Faden.

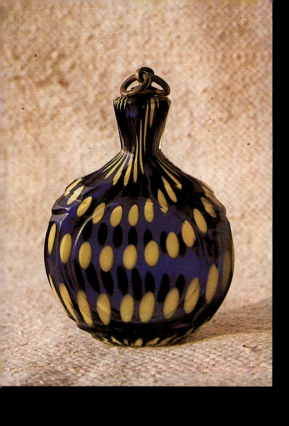

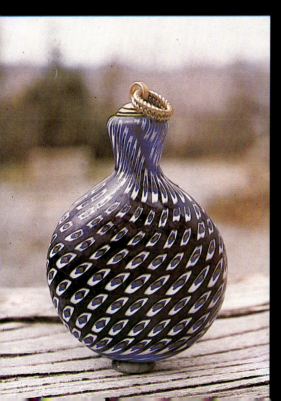

68 *Schwartenmagen mit*
Glimmereinlage
Bayerischer Wald, um 1910

Die etwas reizlose Schwartenmagen-
technik wird durch die Flinseinlage
vielseitiger. Anklänge an die
venezianischen Vorbilder, die
Marmorgläser mit Aventurintechnik,
sind deutlich.

69 *Flinsglas*
Bayerischer Wald, Ende 19. Jh. (?)

Hübsch die ausschließliche
Verwendung von Goldglimmer. Dieses
Glas wurde 1973 geschliffen, da
starke Gebrauchsspuren am Rohling
die Flinseinlage kaum mehr erkennen
ließen.

Schwartenmagen
und Flinsgläser

70 *Schwartenmagen*
Bayerischer Wald, um 1900 (?)

Hervorzuheben sind die
feinen Splitter mit leichter Wende-
lung in der hauptsächlich
grünopaken Farbgebung.

71 *Kröselaußenüberfangglas*
Bayerischer Wald, um 1910

Hier in Abwandlung des
bisher Gezeigten ein Krösel-
Außenüberfang, der durch-
geschliffen ist.

72   *„Wetzstein" hohlgeschnürlt*
Bayerischer Wald, Ende 19. Jh.

Eine feine Arbeit mit
Holzhacker-Zunftzeichen.
Rückseitig die Namensbezeichnung
„Xaver Neumeier".

73   *„Geige", geschnürlt*
Bayerischer Wald, um 1900

Diese Form ist weniger verbreitet
als die vorige.

Freihandformen

74   *„Stiefel"*
Bayerischer Wald, um 1900

Schönes Exemplar einer Frei-
handarbeit, die durch den
Schliff liebevoll ergänzt
wird. Der Stiefel als Scherz-
gefäß war ja auch bei den
Trinkgläsern im Mittelalter
beliebt (s. Abb. 6).

75   *Ringglas*
Bayerischer Wald, 2. Hälfte 19. Jh.

Gut ausgeführte, bei alten Gläsern
nicht eben häufige Form.
Auf der Hinterseite ein Bauern-
standszeichen.

76 *Neidfaust*
Bayerischer Wald, um 1900

Wie die Malerei andeutet,
wohl aus der gleichen Zeit
wie die Nr. 78.
Ungewöhnlich die Oberflächen-
behandlung beim Trübglas.

77 *Neidfaust*
in Überfangtechnik mit Malerei
Böhmen (?), Mitte 19. Jh. (?)

Ein hervorragend ausgeführtes
Stück.

Neidfäuste

78 *Neidfaust, überfangen*
Bayerischer Wald, um 1900

Die Malerei ganz ähnlich
der Nr. 76. Im übrigen sind
diese Arbeiten nicht selten
und stammen wohl aus einer
Hand.

79 *Doppelüberfangglas mit Paterlbesatz*
Bayerischer Wald, um 1910

Typisches Feiertagsglasl mit
verschiedenen Techniken. Malerei ver-
mutlich aus der Werkstatt Ulbrich
in Zwiesel (vgl. Nr. 120!). Rück-
seitig die Devise „Zur Erinnerung".

80 *Beinglas mit Paterlbesatz*
Bayerischer Wald, Mitte 19. Jh.

Ein hervorragendes altes Beinglas in
geradezu klassizistischer Strenge.
Das Zunftzeichen zeigt den „Geschirr-
bauer", der hölzerne Getriebe z. b.
für Spiegelschleifereien oder Mühl-
werke konstruierte. Die andere Seite
trägt den Besitzervermerk
„Joh. Vohrnem".

Glasauflagen durch den Glasmacher und Glasmaler

81 *Farbglas mit Emailfaden*
umsponnen
Bayerischer Wald, um 1910

Ein nicht seltener Typus,
der auch in anderen Farben
wie Blau oder Grün mit Email-
fadenauflage ausgeführt wurde.

82 *Innenüberfangglas mit Emailfaden*
umsponnen
Bayerischer Wald, um 1910

Ein Vergleich mit der vorigen Nr.
zeigt, daß der nachträgliche Schliff
keineswegs immer von vorteilhafter
Wirkung ist.

83   *Farbglas, optisch*
Bayerischer Wald, 19. Jh. (?)

Einfaches, feinverripptes
und gewendeltes Glas.

84   *Fadenglas, optisch*
Bayerischer Wald, 2. Hälfte 19. Jh.

Eine ausgefallene und wohl
auch frühe Form eines Fadenglases
mit vertikaler Verrippung.

Optische Gläser

85   *Optisches Glas*
Bayerischer Wald, Mitte 19. Jh.

Ein frühes Glas mit einer ausgefallenen
Oberflächenstruktur. Diese wurde auch
bei weiteren Exemplaren in Hellgrün-
transparent, Opakgrün und Kobaltblau
angetroffen, so daß eine entsprechend
umfangreiche Hüttenfertigung naheliegt.

86   *In der Form geblasenes Glas*
Spiegelau (?), um 1900

Aus dieser und ähnlichen
Formen sind zahlreiche Gläser
bekannt. Ursprünglich stammt diese
Herstellungsart aus Böhmen,
wo gegen Ende des 19. Jh. viele
Gläser in der Form geblasen wurden,
um den teuren Schliff zu umgehen.

87   *Hohlgeschnürltes Glas*
Bayerischer Wald, Ende 19. Jh.

Dieses Glas ist bedeutungsvoll durch die Na-
mens-, Berufs- und Ortsbezeichnung, sowie
durch die gleichzeitige Maler- und Graveur-
arbeit. Der etwas bläuliche Farbton rührt von
einer Goldrubinfärbung her, die bei neueren
Gläsern durch Selenrubin (Rosalin) ersetzt wurde.
Hinten der Ortshinweis „Breitenhausen".

88   *Hohlgeschnürltes Glas*
Bayerischer Wald, 2. Hälfte 19. Jh.

Die ausdrucksvolle Form mit den ein-
gezogenen Spiegeln und dem geraden
Kragen deutet auf ein höheres Alter als
bei den üblichen Hohlgeschnürlten hin.
Durch den Verzicht auf die Farbgebung
wirkt diese Technik besonders geschmackvoll.

Hohlgeschnürlte Gläser

89   *Hohlgeschnürltes Glas*
Bayerischer Wald, um 1900

Obwohl z. B. bei der Hüttenfertigung in
Spiegelau alle Hohlgeschnürlten wahl-
weise geschliffen und ungeschliffen geliefert
wurden, sind uns doch von letzteren
nur wenige Exemplare erhalten. Sie sind
aber besonders angenehm in der Hand-
habung und bringen die spezielle Glas-
technik gut zur Geltung.

90   *Hohlgeschnürltes Glas*
Spiegelau um 1900

Interessanter, schwefelgelber Farbton. Die Malerei
ausgeführt von Heinrich Ulbrich in Zwiesel,
wie ein Schriftvergleich und die typischen
„Krawatten" am Kragen zeigen! Hinten die
Namensbezeichnung „Michl Hof" (vgl. Abb. 35).

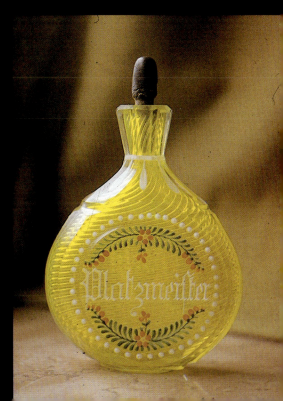

91   Bladerlglas
           Bayerischer Wald, 2. Hälfte 19. Jh.

           Einfaches „Ordinariglasl" mit ziemlich
           starker Wandung. Derartige Typen
           wurden um 1900 z. B. in der Spiegelhütte
           und Spiegelau auch industriell erzeugt.

92   Bladerlglas, geätzt
           Bayerischer Wald, Mitte 19. Jh.

           Außerordentlich elegantes Glas mit
           besonders großen Luftperlen (bis 6 mm Durch-
           messer). Die Ätzung, die große, flache
           Form, der gerade Kragen, der ausge-
           fallene, reiche Schliff – all dies sind
           Merkmale, die ein hohes Alter belegen.

Perl- oder Bladerlgläser

93   Bladerlglas
           Bayerischer Wald, 2. Hälfte 19. Jh.

           Gut ausgeführtes Einzelstück. Die billige, in ver-
           schiedenen Farben hüttenmäßig hergestellte Mas-
           senware war meist ungeschliffenes „Ordinärglas".

94   Perlglas, geätzt, optisch
           Bayerischer Wald, 2. Hälfte 19. Jh.

           Dieses wirklich ganz außergewöhnliche Glasl weist
           mit seiner komplizierten Technik auf die ausge-
           prägte Experimentierfreude vieler Glasmacher hin.
           Hier wurde ein Kölbel mit Emailfaden umspon-
           nen und mit etwas zäherer Klarglasmasse über-
           fangen. In einem verrippten Vorbläser wurden
           dann die ursprünglichen Luftspiralen zwischen
           den Fäden zu Perlen abgebunden. Diese Technik
           zeigte in jüngster Zeit auch der Glasmacher
           Karl Blechinger in Zwiesel!

95   *Innenüberfangglas, geschliffen*
         Bayerischer Wald, Mitte 19. Jh. (?)

         Ein gutes Beispiel dafür, wie sorgfältig
         die alten Glasl ausgeführt wurden.
         Keinesfalls eine lieblos gepfuschte Schin-
         derware, sondern eher eine Auftrags-
         arbeit.

96   *Innenüberfangglas, geschliffen*
         Bayerischer Wald, 20. Jh.

         Ähnliche, reiche Schlifftypen sollen
         um 1935 in Ludwigsthal hergestellt
         worden sein. Die Kragenform zeigt an,
         daß dieses Glas tatsächlich
         nicht sehr alt ist.

Geschliffene Gläser

97   *Uranglas, geschliffen*
         Böhmen (?), 19. Jh.

         Der sehr tiefe Schliff mit den
         hohen Noppen auf den Seiten ist
         recht ausgefallen, liegt aber eigentlich
         an der Grenze des geschmacklich
         Tragbaren.

98   *Innenüberfangglas, diamantgeritzt*
         Böhmen (?), Ende 19. Jh.

         Gut erhaltenes Glas in seltener
         Technik, rückseitig die Devise
         „Gute Nacht Schnepfe".

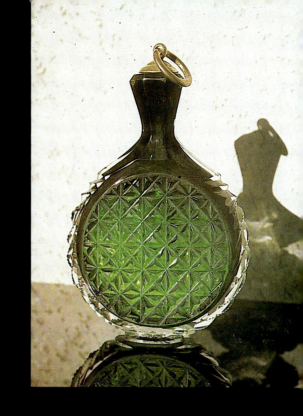

99   *Wetzstein, geschnitten*
Bayerischer Wald, um 1800

Altes Glas in typischer Form.
Der Schnitt zeigt den Hl. Joseph
und rückseitig das Symbol eines
„sprossenden Herzens".

100   *Innenüberfangglas, geschnitten*
Bayerischer Wald, Ende 19. Jh.

Seltenes „Marienglasl".

Geschnittene Gläser

101   *Farbglas, geschnitten*
Bayerischer Wald, um 1900

Wie das folgende ein Gegenstück
zu den beliebten emailgemalten
Darstellungen. Auf der Rückseite
die Namensbezeichnung
„J. Eglreiter".

102   *Farbglas, geschnitten*
Bayerischer Wald, um 1900

Reizende, naive Darstellung
eines Obstverkäufers.

103   *Farbglas, geschnitten*
Bayerischer Wald, um 1900

Fein gearbeitetes antikgrünes
„Musikerglasl" mit rück-
seitiger Namensbezeichnung
„Alois Schmid".

104   *Farbglas, geschnitten*
Bayerischer Wald, dat. 1821

Sehr geschmackvoll und
sorgfältig geschliffenes Glas in
schönem dunkelgrünen Farbton.
Auf Frontspiegel Gravur mit
Bauernstands-Symbolen.
Die andere Seite zeigt die Initialen
JJH und die Datierung 1821.

Geschnittene Gläser

105   *Geätztes und geschnittenes Glas*
Böhmen, um 1870 (?)

Ungewöhnlich flache und zierliche Form
mit recht gutem Schnitt in floralem
Dekor. Ungewöhnlich für Schnupftabak-
gläser die Außenrubinierung. Rück-
seitig die Namensbezeichnung „Jos. Köchl".

106   *Überfangglas, geschnitten*
Süddeutsch (?), 19. Jh. (?)

Form und Farbe des Glases fallen
deutlich aus dem gewohnten Rahmen.
Ebenso deutet der stark stilisierte, aber
sehr charaktervolle Schnitt eine andere
Herkunft als die bisher gezeigten
Gläser an. Die Rückseite trägt die
Initialen „H. R".

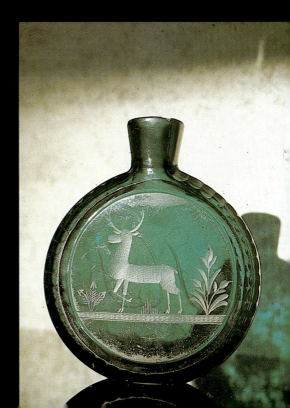

107 *Verspiegeltes Glas*
Bayerischer Wald, um 1965

Die Silbernitratverspiegelung
ist bei neuen Gläsern häufiger
anzutreffen.

108 *Glas mit Farbdruckauflage*
Spiegelau (?), um 1900

Derartige Gläser scheinen in
recht beachtlichen Stückzahlen
hergestellt worden zu sein.
Die wenig haltbaren Abziehbilder
wurden oft noch übermalt, um
eine feine Malerarbeit vorzu-
täuschen.

Verspiegelung und Drucke

109 *Glas mit Fotografie*
Bayerischer Wald, um 1910

Das Konterfei des Besitzers verleiht
solchen Stücken natürlich einen
besonderen Reiz! Hübsch bei diesem
Glas auch der individuelle Seiten-
schliff. Rückseitig die verwischte Glanz-
vergoldung „Fritz Biltz (?)".
Deutlich ist hier festzustellen, daß die
Emailpunkte auf dem Foto sitzen,
d. h., daß das Foto mit eingebrannt sein
muß! Eine Technik, die heute angeblich
nicht mehr bekannt sein soll.

110 *Glas mit Fotografie*
Bayerischer Wald, um 1910

Wie die vorige Nr. eine liebevoll
ausgeführte Auftragsarbeit.

111   *Jugendstilglas bemalt*
Buchenau (?), um 1900

Das nur ganz gelegentliche Auftreten von Schnupf-
tabakgläsern im typischen Jugendstil – zu einer
Zeit, in der die „Büchsl" massenhaft produziert
wurden – zeigt an, daß tatsächlich nur wenige
Bayerwaldhütten (z. B. Poschinger in Spiegelhütte
und Buchenau) sich intensiver mit dieser Stil-
richtung auseinandersetzten. Sehr schön bei
diesem „Gesellschaftsglas" die hervorragende
Malerei mit dem Merkurstab, dem Symbol
der Kaufleute und Verwaltungsbeamten.

112   *Jugendstilglas mit Wellendekor*
Klostermühle bei Unterreichenstein (Böhmen),
um 1900

Angeblich soll dieses Glas in der Loetz'schen
Hütte im „Zangl", d. h. der Glasmacherkantine,
gemeinschaftlich benutzt worden sein.

Jugendstilgläser

113   *Jugendstilglas*
Böhmen um 1900

Die kraterähnliche Oberfläche
ist ganz in der Art der Pallme-
gläser aus Böhmen.

114   *Jugendstilglas, gerissen*
Buchenau (?), um 1900

Die Kammzugtechnik war
bei den Jugendstilgläsern
sehr beliebt.

115 Emailbemaltes Glas
Venedig (?), 18. Jh.

Dieses Glas fällt hier eindeutig aus
dem Rahmen. Zwar kann angenommen
werden, daß es sich um ein Schnupf-
tabakbehältnis handelt, die Herkunft wird
wohl aber kaum im Bayerischen Wald
liegen. Die Malerei entspricht venezianischen Vorbildern, wie z. B. von Osvaldo
und Angelo Brussa.

13 Milchglas mit Emailmalerei
Bayerischer Wald oder Böhmen, 18. Jh.

Rückseite der Nr. 13

Emailmalerei

116 Doppelüberfangglas mit Emailmalerei
und Paterlbesatz
Bayerischer Wald, um 1900

Feiertagsglas mit noch geschmackvoller
Malerei, typisch für den Zwieseler Raum.
Das Glas stammt vermutlich aus Spiegelau.

117 Glas mit Transparenz- und Emailmalerei
Böhmen (?), Ende 19. Jh.

Elegantes und geschmackvolles Glas. Schliff und
Malerei in Kunstglasqualität. Bemerkenswert
die bei Schnupftabakgläsern seltene Verwen-
dung von Transparenzfarben. Die Verzierung mit
Emailpunkten deutet auf eine Arbeit im Haida'er
Malstil hin, wie er auch von der Werkstatt
Ulbrich in Zwiesel gepflegt wurde.
Rückseitig die Initialen „J. H."

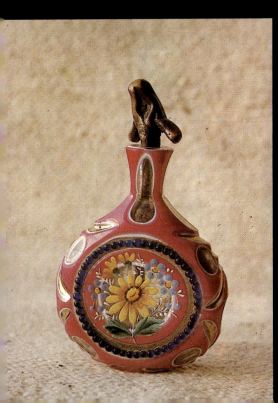

Emailmalerei

118   *Emailbemaltes Glas*
Oberösterreich (?), um 1800

Großes, flaches,
bäuerliches Glas in sehr
guter Ausführung.

119   *Doppelüberfangglas mit Malerei*
und Paterlbesatz
Spiegelau, um 1910

Trotz des gebrochenen und reparierten
Kragens ein schönes Stück, bei dem die
rückseitige Devise „weil's gleich is",
auch über dieses Ungemach wegtröstet!
Die Malerei stammt vermutlich aus
der Werkstatt Ulbrich, Zwiesel.

120   *Überfangglas mit Malerei*
Bayerischer Wald, um 1910

Die Malerei, vermutlich aus der
Werkstatt Ulbrich, Zwiesel,
nach dem gleichen Riß wie Nr. 78!
Rückseitig die Devise „Zur Erinnerung".

Flachfarbenmalerei

121   *Hohlgeschnürltes Glas mit Malerei*
und Paterlbesatz
Bayerischer Wald, um 1900

Hübsch im Farbton und in der Ausführung, die
naive Darstellung mit dem Metzgerzunftzeichen
schon wieder reizvoll. Rückseitig die Namens-
und Ortsbezeichnung „Gg. Franz Regen".

122   *Hohlgeschnürltes Glas mit Malerei*
Bayerischer Wald, dat. 1914 (vgl. Abb. 28!)

Das Glas stammt wie die vorhergehenden aus
Hüttenfertigung, der einfache Seitenschliff ist
dabei typisch. Die Malerei mit den Bauern-
standszeichen ist außergewöhnlich detailliert
ausgeführt und stammt aus der Werkstatt
Ulbrich in Zwiesel, wie eine heute noch
vorhandene Rißvorlage beweist! Auf der Rück-
seite die Bezeichnung „Ludwig Zitzler 1914".

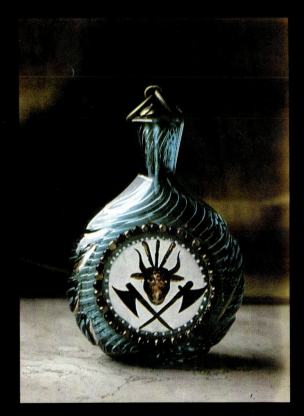

123   *Farbglas mit Malerei*
            Bayerischer Wald, um 1910

            Hübsches Reklameglasl, rückseitig be-
            zeichnet „Michl Lindner Brasiltabakfabrik,
            Neuötting". Ein Schriftvergleich deutet
            möglicherweise auf die Werkstatt Ulbrich
            in Zwiesel hin, die ja
            gelegentlich Gläser für Schnupf-
            tabakfirmen bemalte, wie noch erhaltene
            Vorlagen bezeugen!

124   *Hohlgeschnürltes Glas mit Außenüberfang*
            und Malerei
            Bayerischer Wald, um 1900

            Hohlgeschnürlte mit durchgeschliffenem
            Außenüberfang sind nicht häufig.
            Rückseitig die Devise „Schnupf Bruder!"

Flachfarbenmalerei

125   *Farbglas mit Malerei*
            Bayerischer Wald, um 1890

            Sorgfältig ausgeführte Darstellung eines
            Holzhackerzunftzeichens, vermutlich
            Werkstatt Ulbrich, Zwiesel.
            Rückseitig der Namenshinweis
            „Johann Moser".

126   *Uranglas mit Emailmalerei*
            Bayerischer Wald, dat. 1895

            Sehr persönlich gestaltetes
            Bergmannsglasl, bezeichnet
            „Georg Haller". Malerei Werkstatt
            Ulbrich, Zwiesel.

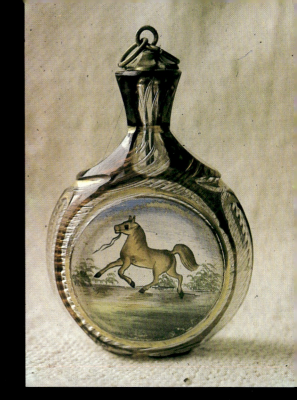

KARL BLECHINGER, Zwiesel, Jg. 1931

Stammt aus einer berühmten Glasmacherfamilie. Der Urgroßvater wurde 1880 vom Hüttenherrn Poschinger aus der Hütte Eleonorenhain in Böhmen nach Theresienthal geholt (Lit. 9). Großvater und Vater waren ebenfalls dort tätig. Er selbst lernte dort von 1946–50 und ist nach verschiedenen Tätigkeiten in Amberg und Regenhütte seit 1953 in den Schottwerken in Zwiesel angestellt, derzeit als Hüttenmeister.

Seit etwa 1958 bis zu seiner Tätigkeit als Hüttenmeister beschäftigte er sich mit der Herstellung von Schnupf-tabakgläsern und versuchte sich erfolgreich in praktisch allen Techniken. Sein Vater in der Hütte Theresienthal war bekannt für seine gelungenen Hohlg'schnürlten; weitere Spezialitäten waren G'schleuderte und zweifarbige Überfänge.

127 *G'schleudertes Glas*
um 1965 von Blechinger sen.

Die grünen Farbpunkte sitzen
ganz außen, das Glasl ist
nicht zusätzlich mit Klarglas
überstochen.

128 *Perloptisches Glas*
um 1965 von Karl Blechinger

Gleiche Technik wie die Nr. 94!
Vermutlich nach dieser Vorlage
gefertigt.

129 *Zweifarbiger Überfang*
um 1965 von Blechinger sen.

Diese zweifarbigen Überfänge
sollen die Spezialität vom „alten"
Blechinger gewesen sein. Es
handelt sich um ein Trichterüber-
fangverfahren, das auch von
Karl Blechinger beherrscht wird.

130 *Doppelüberfang*
um 1965 von Karl Blechinger

Zierliches Glas mit sehr exaktem
Doppelüberfang, geschliffen vom
Bruder Heinz Blechinger.

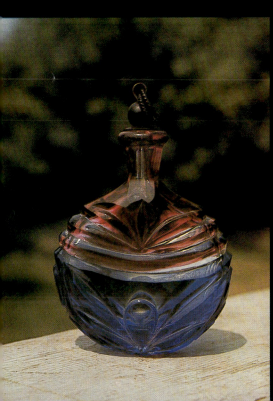
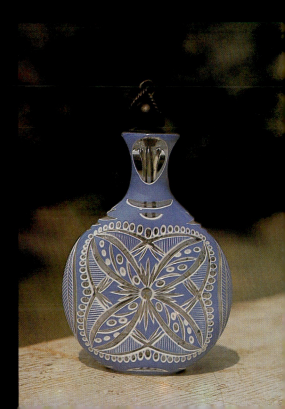

JOSEF PSCHEIDL, Frauenau, Jg. 1938

Gelernt ab 1952 bei Poschinger in Frauenau. Seit 1956 beschäftigt in der Hütte Eisch, ebenfalls Frauenau, ab 1962 als Glasmachermeister. Längere Zeit am Versuchsofen von Erwin Eisch. In der Hüttenproduktion vor allem für die farbigen Eisch-Kunstgläser eingesetzt.

Ab 1963 beschäftigte er sich bis heute mit der Herstellung von Schnupftabakgläsern. Wohl als erster nahm er die feinen Mehrfachüberfanggläser, die in dieser Qualität nur aus der Hütte Eisch kommen, in sein Repertoire auf. Heute gelingen ihm recht ausgefallene Fadentechniken, die z. T. Anklänge an das Kunstglas der Hütte Eisch zeigen. Gerne bedient er sich auch der Spinnmaschine.

131 *Dreifach-Überfangglas mit farbigem Innenüberfang 1976*

Geschliffen von Dörndorfer, nach Vorlage auf einem alten Bauernschrank.

132 *Fadentechnik auf Emailüberfang Um 1975*

Eine recht eigenwillige Arbeit.

133 *Milchglas mit Kammzugtechnik, übersponnen Um 1975*

Hier wird die Anlehnung an das Eisch-Kunstglas deutlich!

134 *Milchglas, G'schleudert und G'sponnen Um 1975*

Sowohl der mehrfarbige „geschleuderte" Faden als auch der äußere Klarglasfaden sind mit der Maschine gesponnen.

KARL STRAUB, Frauenau, Jg. 1922

Gelernt ab 1935 in der Gistl-Hütte in Frauenau. Nach dem Krieg einige Jahre in Hannover und Frankreich, ab 1950 wieder bei Gistl. Als diese Hütte 1972 von Spiegelau zur Automatenglasfertigung übernommen wurde, ging er zur Hütte Eisch.

Schnupftabakglasl fertigt er in großer Zahl und verschiedenen Techniken seit Anfang der 60er Jahre. Neben den Mehrfachüberfanggläsern in der Technik Pscheidl sind vor allem seine „genabelten" Mascherl eine typische Besonderheit.

135   *Dreifach-Überfangglas*
       mit farbiger Innenblase
       1975
       Geschliffen von
       Dörndorfer.

137   *Filigranglas*
       1975

       Hervorragend ausgeführtes,
       geschmackvolles Glas.

136   *Dreifach-Außenüberfang und*
       Innenüberfang
       1975

       Schliff von Dörndorfer

138   *Mascherl*
       1975

       Hübsch in der Farbgebung.

JOSEF RANKL, Zwiesel, Jg. 1911

Gelernt 1924 in der damals von Gistl gepachteten Poschingerhütte. Etwa um 1930 in der Gistlhütte arbeitete er am Hafen von Fritz Geyer, der angeblich damals sehr schöne „Mascherl" machte. Wechselreiches Berufsleben bei Poschinger in Frauenau, in Spiegelau, in Kufstein, in Fichtelberg, sogar einige Jahre im Rheinland. Ab 1957 bis zum Ende seiner beruflichen Tätigkeit im Jahre 1974 als Glasmachermeister in der Zwieseler Glasfachschule.

Schon ab 1930 gelegentliches Schinden von „Büchsln". Umfangreichere Herstellung aber erst ab Ende der 50er Jahre. Praktisch alle Techniken, am besten aber sind seine Mascherl!

139 *Mascherl*
um 1970

Diese feine, sorgfältige Arbeit
ist typisch für die Mascherl
aus den Händen vom Rankl Sepp.

140 *Mascherl*
um 1970

Zu beachten sind die
zweifarbigen Rosenkranzperlen
und die flinsgrünen Fäden.

FRANZ SCHREDER, Lindberg, Jg. 1923

Ab 1936 in Theresienthal am Hafen des alten Blechinger gelernt. Infolge einer Kriegsverletzung von 1946–1949 Tätigkeit in einer Goldschmiedewerkstatt. Ab 1949 wieder als Glasmacher in der Hütte Theresienthal, dort bis 1975 als Glasmachermeister.

Neben mancherlei wirklich meisterlichen, in den Arbeitspausen gefertigten Stücken, wie venezianische Flügelleuchter, Glaspfeifen und sogar Netzglasschalen, fertigte er ab 1958 auch Schnupftabakgläser. Von den jüngeren Glasmachern beherrschte er die Herstellung der Hohlgeschnürlten am besten. Daneben zeigte er unterschiedliche Fadentechniken, wie „Gerissene", „G'schleuderte" und „Mascherl".

141 *Hohlgeschnürltes Glas*
1975

Glas mit kräftigen
Schnürln, Theresienthaler
Bernstein-Farbton.

142 *Geschleudertes Glas*
1975

Gleichmäßige Emailfäden
über dem kühlen Theresienthaler
Jagdgrün.

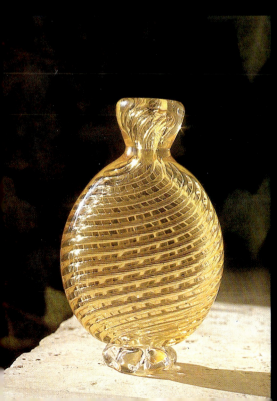
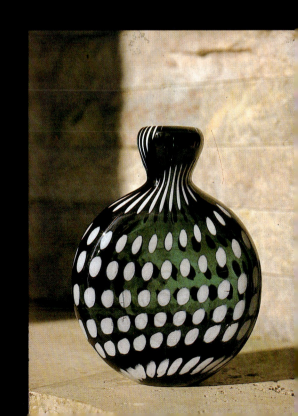

RUDOLF WAGNER, Zwiesel, Glasschleifer und Graveur

143 *Uranglas, geschliffen*
Bayerischer Wald, um 1890
geschnitten 1976

Das Glas wurde nach einer
alten Schnittvorlage nach
Angabe des Autors graviert.
Rückseitig die Namensbezeich-
nung „Georg David".

144 *Farbloses Glas mit*
gravierter Jagdszene
1975

Hervorragender Schnitt mit
minutiösen Details. Dieses
Motiv wird auch auf Wein-
gläsern ausgeführt.

EWALD WOLF, Frauenau, Glasmacher bei Poschinger

145 *Schwartenmagen,*
umsponnen
1973

Durch die freihändig
gesponnenen Rubinglasfäden
erhält dieses Glas eine mut-
willige Note.

146 *Ringglas mit*
eingestochenen Blasen
um 1970

Diese Ringgläser finden sich
auch häufig mit feinem Krösel-
überfang.

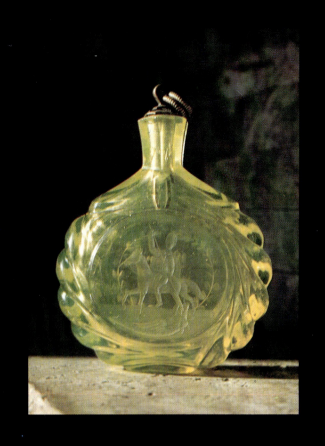

147   *Überfangglas mit Innenblase*
vermutlich Frauenau um 1965

Ausgefallene Farbgebung,
sehr guter Schliff.

148   *Überfangglas mit Innenblase*
vermutlich Frauenau um 1965

Interessant die amethystfarbene
Innenblase und der gleichmäßige.
tiefe Schliff.

149   *Millefioriglas*
Murano bei Venedig
um 1972

Vor der Lampe geblasen.

150   *Filigranglas*
Murano bei Venedig
um 1972

geschmackvolle Lampenarbeit.

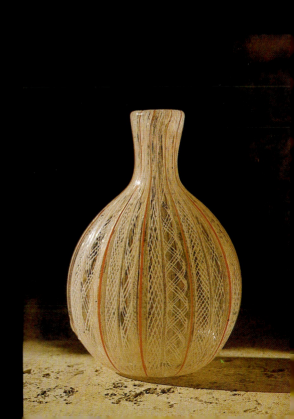

Katalog zu den Farbtafeln

Zu den Katalogdaten sollen kurz folgende Erläuterungen gemacht werden:
Über jedes Glas sind Hinweise gegeben über

Glasmasse	**(G)**
Schliff	**(S)**
Veredelung	**(V)**
Maße	**(M)**
Erhaltung	**(E)**
Provenienz	**(P)**

Die Abkürzung KSF bei den Schliffhinweisen (S) bezeichnet die Ausführung von Kragen, Schulter und Fuß des Glases, z. B. bedeutet KSF 8/2/1, daß der Kragen achteckig geschliffen, die Schulter zweifach und der Fuß einfach abgesetzt sind. Weitere Hinweise über Schliffbezeichnungen sind im Textteil zu finden.

Die Maßangaben (M) verstehen sich in Millimeter, zu Höhe x Breite x Stärke, wobei die Höhe über das ganze Glas, Breite und Stärke nur am Körper (nicht am Hals) gemessen wurden. Fehlt ein Formhinweis, so handelt es sich um die übliche flache Linsenform.

Angaben über Herkunft und Alter des Glases finden sich mit allgemeinen Hinweisen im Bildteil. Die Diavorlagen (24 x 36 mm Kleinbild) befinden sich im Archiv des Verfassers.

1	**G:** Farblos **S:** – **V:** – **M:** 97 x 68 x 23 **E:** Gebrauchsspuren **P:** Sammlung Schaefer	**2**	**G:** Rubinrot transp. **S:** Spiegel, die Seiten in Flächenschliff, KSF 8/2/2 **V:** – **M:** 94 x 71 x 15 **E:** Geringe Gebrauchsspuren **P:** Sammlung Schaefer
3	**G:** Grün, transp. **S:** – **V:** – **M:** 100 x 77 x 17, sehr flache Linsenform **E:** Gebrauchsspuren **P:** Sammlung Schaefer	**4**	**G:** Kobaltblau transp. **S:** Planschliff, Seiten in Flächenschliff und gekerbt, KSF 8/0/0 **V:** Blumenstrauß in Mattschnitt, rücks. Initialen „PB" **M:** 100 x 76 x 18, sehr flache Linsenform **E:** Starke Gebrauchsspuren **P:** Waldmuseum Zwiesel
5	**G:** Olivfarben transp. **S:** Spiegel, Seiten in Eckenschliff KSF 8/1/1 **V:** In gutem Schnitt „J. M. Fritz Weber" (Name und Beruf), rücks. „Osterhofen" **M:** 97 x 76 x 24 **E:** Starke Gebrauchsspuren **P:** Sammlung Schaefer	**6**	**G:** Braun transp. **S:** Walzenschliff mit kleinen Knopfspiegeln, Steinelung, KSF 8/1/1 **V:** – **M:** 98 x 80 x 21 **E:** Starke Gebrauchsspuren **P:** Waldmuseum Zwiesel

7		8	
G:	Aquamarinfarben transp.	**G:**	Jagdgrün transp.
S:	–	**S:**	die Fronten stark konkav, die Seiten um den Fuß laufend auf Kante geschliffen.
V:	–	**V:**	–
M:	97 x 76 x 26	**M:**	94 x 72 x 22
E:	Starke Gebrauchsspuren	**E:**	Starke Gebrauchsspuren
P:	Sammlung Schötz, München	**P:**	Sammlung Schaefer

9		10	
G:	Annagelb transp.	**G:**	Annagrün, transp.
S:	Beiderseits Rosette aus 8 rhomben-ähnlichen Segmenten, auf den Seiten und über den Fuß drei versetzte Reihen ebenfalls rhombenförmiger Flächen, die in der Mitte, wie auch bei den Rosettensegmenten einen Sternschliff aufweisen. K/S/F 6/6/0	**S:**	Spiegel, Seiten mit S-Kerben, KSF 6/1/1
V:	–	**V:**	Frontal Blumenstrauß in sehr detailliertem Schnitt, rückseitig „Johann Häusler" im Efeukranz
M:	113 x 92 x 22	**M:**	123 x 105 x 30
E:	Schliffkanten gering bestoßen	**E:**	Geringe Gebrauchsspuren
P:	Sammlung Schaefer	**P:**	Sammlung Weiß, München

11		12	
G:	Annagelb transp.	**G:**	Annagelb transp.
S:	Spiegel mit mittiger Linse, die verbleibende Ringfläche evolventenartig gesteinelt, die Seiten mit S-Walzen, KSF 6/1/1	**S:**	Konvexe Spiegel mit mittig hochgeschliffenem Medaillon, an den Seiten ein über den Fuß gezogenes Steinelschliffband, KSF 8/1/0
V:	–	**V:**	Auf dem vorderen Medaillon ein liegender Hirsch, auf dem hinteren die floral verzierten Initialen „MM", beides in sehr gutem Schnitt.
M:	106 x 93 x 20	**M:**	112 x 94 x 27
E:	Gebrauchsspuren	**E:**	Starke Gebrauchsspuren
P:	Sammlung Fastner, Zwiesel	**P:**	Sammlung Fastner, Zwiesel

13			**14**		
	G:	Milchglas		**G:**	Trübglas blau
	S:	–		**S:**	–
	V:	Bäuerliche Emailmalerei in versch. Farben. Auf der Vorderseite Freundschafts- oder Hochzeitssymbol mit zwei Tauben auf sprossendem Herzen, rückseitig gut ausgeführtes florales Motiv, die Seiten mit bunten Emailtupfen.		**V:**	Vorderseitig sehr detailreich in Flachfarben auf Emailgrund ein pflügender Bauer zwischen Hof und Wald. Weiße Email-punkte um den Spiegel. Hinten ein Ährenstrauß in Emailmalerei, mit Namens-zug „Josef Fischer". Kopf, Hals und Seiten mit Glanzgoldverzierung.
	M:	99 x 56 x 15 (!), schlanke, sehr flache Birnenform		**M:**	100 x 84 x 24
	E:	Gebrauchsspuren		**E:**	Die Flachfarben im unteren Bereich der Darstellung etwas abgewetzt
	P:	Sammlung Schaefer		**P:**	Sammlung Schaefer

15			**16**		
	G:	Trübglas hellgrau		**G:**	Hellgraues Trübglas mit trübem rosa Überfang.
	S:	Spiegel mit flächigen Seiten, KSF 8/1/1		**S:**	Doppelringschliff, die Seiten auf Kante, KSF 4/1/0
	V:	Um die Spiegel Besatz aus kleinen gezwickten Glasperlen. Vorne in Flach-farben ein Bauernstandszeichen, hinten in Glanzgold die Initialen „G. M."		**V:**	–
	M:	110 x 93 x 22		**M:**	118 x 103 x 25
	E:	Gebrauchsspuren, Hals bestoßen		**E:**	geringe Gebrauchsspuren
	P:	Sammlung Fastner, Zwiesel		**P:**	Waldmuseum Zwiesel

17			**18**		
	G:	Hellgrünes Alabasterglas		**G:**	Hellgraues Alabasterglas
	S:	Spiegel, die Seiten als S-Walzen über den Fuß laufend, KSF 8/0/0		**S:**	Spiegel, die Seiten mit S-Walzen KSF 6/1/1
	V:	In sehr gut erhaltener Glanzgoldmalerei (Schachtenbachhütte?) vorne eine ornamentale Darstellung, rückseitig „Xaver Bayer" in Weinlaubgirlande, Schliffkanten vergoldet		**V:**	Frontal hervorragend fein und detailliert ausgeführte Emailmalerei (Blumen-gebinde), rückseitig die Devise „Andenken" im Blumenkranz.
	M:	98 x 80 x 18		**M:**	104 x 94 x 24
	E:	Geringe Gebrauchsspuren, passender Glasstöpsel der gleichen Farbe		**E:**	Geringe Gebrauchsspuren, vermutlich Schliffkorrektur am Kragen
	P:	Sammlung Fastner, Zwiesel		**P:**	Sammlung Schaefer

19	**G:** Blaues opakes Glas **S:** Spiegel, die Seiten mit S-Kerben, KSF 6/1/1 **V:** In nicht sehr sorgfältiger Glanzgoldmalerei der Name „Franz Schwed" im Efeukranz, hinten die Devise „Zum Andenken", Schliffkanten ebenfalls vergoldet **M:** 103 x 84 x 21 **E:** Geringe Gebrauchsspuren, Kragen gesprungen **P:** Glasmuseum Frauenau	**20**	**G:** Hellblaues Alabasterglas **S:** Spiegel, mit flächigen, etwas tiefer gesetzten Seiten, KSF 6/1/1 **V:** In Flachfarben Blumenbouquet auf Emailgrund, rückseitig der Name „J. Seidl" in Schwarz zwischen hellbrauner Emailverzierung, Schliffkanten ebenfalls in hellbraunem Email betont. Um beide Spiegel Besatz aus Flußperlen (?). **M:** 104 x 86 x 23 (mit Perlen 31) **E:** Geringe Gebrauchsspuren **P:** Sammlung Poczewsky
21	**G:** Farblos mit Rosalininnenblase **S:** Sechs hexagonale Schliffflächen, die Kanten gekerbt, im unteren Drittel vom Boden ausgehender Strahlenschliff KSF 6/0/0 **V:** – **M:** 75 x 43 ø, runde Birnenform **E:** Geringe Gebrauchsspuren **P:** Sammlung Schaefer	**22**	**G:** Sog. „Flinsgrün" mit Klarglas überstochen **S:** Spiegel, die Seiten in Flächenschliff, KSF 8/1/1 **V:** Vorne Blumenstrauß, hinten die Initialen „FS" (?) in Mattschnitt **M:** 94 x 85 x 23 **E:** Starke Gebrauchsspuren der Kopf bestoßen **P:** Waldmuseum Zwiesel
23	**G:** Farblos mit Rosalininnen- und Emailaußenüberfang **S:** Spiegel in Spitzsteinelung, die Seiten mit Biedermeierornamenten (Fischblasen). Eingeschliffener facettierter Glasstöpsel. KSF 6/1/1 **V:** – **M:** 92 x 75 x 21 **E:** Gebrauchsspuren **P:** Sammlung Schaefer	**24**	**G:** Farblos mit Emailinnenblase und blauem transp. Außenüberfang **S:** Spiegelringschliff, die Seiten in Eckenschliff, KSF 4/1/1 **V:** Frontal in Emailmalerei in Devise „I hab an Gut'n", zusätzlich vorne und hinten stil. Blumen. Reste von Glanzvergoldung in den Schliffkanten. **M:** 81 x 54 x 28, Birnenform **E:** Gebrauchsspuren **P:** Sammlung Schaefer

25	**G:** Farblos mit weiß-rotem Doppelüberfang	**26**	**G:** Farblos mit weiß-blauem Doppelüberfang
	S: Ornamentaler Zierschliff, KSF 4/1/0		**S:** Spiegelringschliff, die großflächig zu den Fronten gezogenen Seiten sind ornamental gekerbt, KSF 4/0/1
	V: –		**V:** –
	M: 89 x 82 x 19		**M:** 99 x 79 x 29
	E: Starke Gebrauchsspuren, Kragen gebrochen und geklebt		**E:** Starke Gebrauchsspuren
	P: Waldmuseum Zwiesel		**P:** Waldmuseum Zwiesel
27	**G:** Farblos mit opakem blauen Überfang auf Email	**28**	**G:** Farblos mit Doppelüberfang in Gelb-Weiß
	S: Frontal florale Ornamente, rückseitig konzentrisch angeordnete Linsen, an den Seiten ebenfalls Linsen, KSF 4/0/0		**S:** Spiegelringschliff mit kleinen Spiegeln an den Seiten, KSF 4/1/1
	V: –		**V:** –
	M: 106 x 83 x 17, sehr flache Linsenform mit geradem, langen Hals		**M:** 94 x 72 x 25
	E: Geringe Gebrauchsspuren		**E:** Gebrauchsspuren
	P: Sammlung Fastner, Zwiesel		**P:** Sammlung Schaefer
29	**G:** Farblos mit Doppelüberfang in Blau-Weiß	**30**	**G:** Kobaltblau mit Doppelüberfang in Rosa-Weiß
	S: Linsenschliff, sechsfach geschälter Kragen		**S:** Stilisiertes Blüten- und Blattwerk in Hochschliff, sechsfach geschälter Hals
	V: In den Linsen und sogar am Boden zierliche, stilisierte florale Emailmalerei		**V:** –
	M: 65 x 44ø, runde Birnenformen		**M:** 75 x 50 x 39, bauchige Birnenform
	E: Geringe Gebrauchsspuren		**E:** geringe Gebrauchsspuren
	P: Sammlung Weiß, München		**P:** Sammlung Fastner, Zwiesel

31	G:	Farblos mit Dreifachüberfang in Blau-Rosa-Weiß
	S:	Spiegel, die Seiten mit Hochschliff-medaillons, vorne in Hochschliff ornamentales Muster, rückseitig „Prinzregent-Luitpold"-Schliff, KSF 8/1/0
	V:	–
	M:	106 x 88 x 24
	E:	Gebrauchsspuren
	P:	Sammlung Fastner, Zwiesel

32	G:	Farblos mit zarten geschnürlten Email-fäden vor Rosalinüberfang
	S:	Kleine Spiegel, die Seiten mit S-Kerben KSF 8/1/1
	V:	–
	M:	100 x 81 x 32, bauchige Linsenform,
	E:	Starke Gebrauchsspuren
	P:	Sammlung Schaefer

33	G:	Milchglas mit kobaltblauen geschnürlten Fäden
	S:	–
	V:	–
	M:	91 x 70 x 34, bauchige Linsenform
	E:	Gebrauchsspuren
	P:	Sammlung Fastner, Zwiesel

34	G:	Farblos mit starken dichtliegenden Fäden, abwechselnd in opakem Hellgrün und Weiß
	S:	Spiegel, die Seiten kantig, Schliffquadrate mit Strahlenschliff auf beiden Fronten KSF 6/1/0
	V:	–
	M:	102 x 87 x 21
	E:	Keine Gebrauchsspuren, zwei kleine Sprünge in der Wandung
	P:	Sammlung Schaefer

35	G:	Farblos mit feinen rubinroten und etwas breiteren weißen Fäden
	S:	–
	V:	–
	M:	81 x 45ø, runde Birnenform
	E:	Keine Gebrauchsspuren
	P:	Sammlung Fastner, Zwiesel

36	G:	Farblos mit dichten Fäden in band-artigen Mustern, das eine Band mit blauen und weißen, das andere mit farblosen und hellgrünen Fäden in steiler 180 Grad-Wendel. Der Körper mit appliziertem Fuß und mit Klarglasfaden maschinell umsponnen.
	S:	–
	V:	–
	M:	85 x 70 x 25, Linsenform mit weit heruntergezogenen Schultern
	E:	Gebrauchsspuren, Hals ausgebrochen
	P:	Bayer. Nationalmuseum, München

37	**G:** Farblos mit dichten Farbglasfäden in Schwarz-Weiß-Blau-Weiß-Rosa.	38	**G:** Farblos mit rosa und hellblauen Fäden vor Emailinnenblase. Mit Fuß und umsponnenem Klarglasfaden
	S: Mit Fuß und umsponnenem Klarglasfaden		**S:** –
	V: –		**V:** –
	M: 84 x 56 x 29, Birnenform		**M:** 77 x 48 x 31, bauchige Birnenform
	E: Gebrauchsspuren		**E:** Gebrauchsspuren
	P: Sammlung Fastner, Zwiesel		**P:** Sammlung Schaefer
39	**G:** Farbglas mit Rosalininnenblase, davor dichte weiße Fäden. Mit Fuß und umsponnenem Klarglasfaden.	40	**G:** Farblos mit feinen Fadengruppen in Rot-Weiß-Rot
	S: –		**S:** –
	V: –		**V:** –
	M: 84 x 57 x 31		**M:** 83 x 53 x 33, bauchige Birnenform
	E: Geringe Gebrauchsspuren		**E:** Starke Gebrauchsspuren
	P: Sammlung Schaefer		**P:** Sammlung Schaefer
41	**G:** Farblos mit breiten Schnürln in opakem Hellblau und Rosa	42	**G:** Farblos mit opaken Schnürln in Schwarz (!)–Weiß–Rot
	S: –		**S:** –
	V: –		**V:** –
	M: 94 x 69 x 24		**M:** 88 x 71 x 21
	E: Gebrauchsspuren		**E:** Gebrauchsspuren
	P: Sammlung Schaefer		**P:** Sammlung Schaefer

43	**G:** Farblos mit opaken Schnürln in Beige und Grün.	**44**	**G:** Farblos mit acht Bändern in Blau–Rosa–Gelb auf Email.
	S: Spiegel, flächige Seiten, KSF 8/1/1		**S:** Spiegel, flächige Seiten, KSF 6/1/1
	V: Vorne ornamentale Emailmalerei, hinten „Jakob Stadler 1911", die Schliffkanten mit Glanzgold und Emailpunkten nachgezogen		**V:** –
			M: 86 x 52 x 34, bauchige Birnenform
	M: 84 x 63 x 19		**E:** Geringe Gebrauchsspuren
	E: Gebrauchsspuren		**P:** Sammlung Schaefer
	P: Sammlung Fastner, Zwiesel		

45	**G:** Farblos mit acht Bändern in Blau-Rosa auf Email	**46**	**G:** Farblos mit Bändern in Email und Flinsgrün
	S: Spiegel, flächige Seiten, KSF 6/1/2		**S:** Spiegel, flächige Seiten, KSF 6/1/1
	V: –		**V:** –
	M: 110 (!) x 83 x 28		**M:** 90 x 57 x 27, Birnenform mit stark herabgezogenen Schultern
	E: Gebrauchsspuren		**E:** Gebrauchsspuren
	P: Sammlung Schaefer		**P:** Sammlung Schaefer

47	**G:** Farblos mit acht Bändern in Rot und Blau auf Email.	**48**	**G:** Milchglas mit kobaltblauen gerissenen Fäden
	S: Die Fronten plan-, die Seiten flächig geschliffen.		**S:** –
	V: –		**V:** –
	M: 87 x 51 x 27, flache Birnenform		**M:** 86 x 61 x 53, sehr bauchige Birnenform
	E: Gebrauchsspuren, die Kragen bestoßen		**E:** Starke Gebrauchsspuren
	P: Sammlung Schaefer		**P:** Sammlung Weiß, München

49	**G:** Hellgrün opak mit gerissenen Emailfäden	50	**G:** Milchglas mit gerissenen Fäden in Blau–Orange–Flinsgrün
	S: –		**S:** –
	V: –		**V:** –
	M: 101 x 79 x x19		**M:** 80 x 44 ø, runde Birnenform
	E: Starke Gebrauchsspuren		**E:** Starke Gebrauchsspuren
	P: Sammlung Weiß, München		**P:** Sammlung Fastner, Zwiesel

51	**G:** Farblos mit gerissenen Fäden in Rosa und Blau vor weißer Innenblase, eingestochene Blasen	52	**G:** Farblos mit gerissenen Bändern in pastellenem Hellgrün–Hellblau–Rosa auf Email. Glasfuß und gesponner Klarglasfaden.
	S: –		**S:** –
	V: –		**V:** –
	M: 84 x 60 x 36, bauchige Linsenform		**M:** 87 x 46 x 30, schlanke Birnenform
	E: Gebrauchsspuren		**E:** Keine Gebrauchsspuren, am Hals aufgebrochene Luftblase
	P: Sammlung Fastner, Zwiesel		**P:** Sammlung Schaefer

53	**G:** Farblos mit Emailinnenblase, davor gerissene Fäden in Blau-Rosa-Gelb. Umsponnen und mit Fuß.	54	**G:** Farblos mit gegenläufig gerissenen Fäden in Rot–Grün–Gelb vor Email-innenüberfang. Umsponnen und mit Fuß.
	S: –		**S:** –
	V: –		**V:** –
	M: 108 x 68 x 29, Birnenform		**M:** 103 x 63 x 30, Birnenform
	E: geringe Gebrauchsspuren		**E:** keine Gebrauchsspuren
	P: Waldmuseum Zwiesel		**P:** Sammlung Fastner, Zwiesel

55		56	
G:	Farblos mit weißem Innenüberfang, blau-gelb-flinsgrüne Fäden im Netzdekor	**G:**	Farblos, Fadenwendeln in Rosa–Grün mit Emailzwischenlage, flinsgrüne Wendeln mit gelben Saumbändern, weiße Rosenkranzperlen.
S:	Spiegel, flächige Seiten, KSF 6/3/3	**S:**	Spiegel, flächige Seiten, KSF 6/1/1
V:	–	**V:**	–
M:	116 x 95 x 24	**M:**	90 x 71 x 26
E:	Keine Gebrauchsspuren	**E:**	Keine Gebrauchsspuren
P:	Sammlung Fastner, Zwiesel	**P:**	Sammlung Fastner, Zwiesel

57		58	
G:	Farblos mit zierlichen, weißen Rosenkranzperlen und Wendeln in Orange–Grün–Weiß und Blau–Gelb–Weiß.	**G:**	Farblos, Wendeln in Rosa–Weiß–Hellgrün, doppelte weiß-blaue und einfache weiße Rosenkranzperlen.
S:	Spiegel, die Seiten mit S-Walzen. KSF 8/2/2.	**S:**	Spiegelringschliff, die Seiten mit S-Kerben, KSF 8/1/1
V:	–	**V:**	–
M:	89 x 69 x 23	**M:**	96 x 76 x 24
E:	Gebrauchsspuren, der Kragen stark bestoßen	**E:**	Gebrauchsspuren
P:	Sammlung Schaefer	**P:**	Sammlung Schaefer

59		60	
G:	Farblos mit Rosenkranzperlen in Weiß und Rosa-Weiß, gerade, opake hellblaue Bänder.	**G:**	Farblos, Wendeln in Rosa-Gelb mit blauen Saumfäden, vielgängige Faden-wendeln in Weiß-Blau, weiße Rosen-kranzperlen.
S:	wie vorige Nr.!	**S:**	Spiegel mit flächigen Seiten, KSF 6/2/2
V:	–	**V:**	–
M:	93 x 74 x 21	**M:**	86 x 64 x 25
E:	Gebrauchsspuren	**E:**	Geringe Gebrauchsspuren, Kragen mit kleinem Sprung
P:	Sammlung Fastner, Zwiesel	**P:**	Sammlung Schaefer

61

G: Farblos mit Wendeln in Gelb–Weiß–Blau, feinen weißen Rosenkranzperlen und geraden opak-braunen Bändern.

S: Spiegel, flächige Seiten, KSF 6/1/1

V: –

M: 100 x 72 x 22

E: Gebrauchsspuren

P: Sammlung Schaefer

62

G: Farblos mit weißen Rosenkranzperlen, blau-weißen und flinsgrün-weiß-rosa Wendeln.

S: Boden plangeschliffen (alt)

V: –

M: 87 x 65 x 22

E: stark abgegriffen

P: Sammlung Schaefer

63

G: Farblos mit geschnürlten (!) Filigranstäbchen. Rosenkranzperlen mit weiß-blauen Fäden, vielgängige Wendeln mit Emailfäden, Wendeln in Rosa–Weiß und Blau–Weiß.

S: Spiegel, die Seiten auf Kante geschliffen, KSF 6/1/1

V: –

M: 87 x 64 x 27

E: Starke Gebrauchsspuren

P: Sammlung Schaefer

64

G: Kobaltblau mit opaken, gelben Flecken

S: Spiegel mit flächigen Seiten, KSF 8/2/2

V: –

M: 99 x 78 x 26

E: Geringe Gebrauchsspuren

P: Waldmuseum Zwiesel

65

G: Kobaltblau mit dichten, feinen Emailflecken, spiralig umzogen.

S: –

V: –

M: 107 x 82 x 20

E: Keine Gebrauchsspuren ·

P: Sammlung Fastner, Zwiesel

66

G: Kobaltblau mit gleichmäßigen, etwas rechteckigen Flecken, mit dreifarbiger, rautenförmiger Einlage.

S: –

V: –

M: 84 x 64 x 30

E: starke Gebrauchsspuren

P: Sammlung Fastner, Zwiesel

67	**G:** Kobaltblau mit weißen Flecken, mit ockerfarbener und blauer Einlage	68	**G:** Farblos mit Ringwalzen, farbigen Glassplittern und Silberflins.
	S: –		**S:** Spiegel, flächige Seiten, KSF 6/1/1
	V: –		**V:** Gravierte Initialen „J. R."
	M: 90 x 68 x 32		**M:** 98 x 70 x 23
	E: Keine Gebrauchsspuren		**E:** Keine Gebrauchsspuren
	P: Sammlung Fastner, Zwiesel		**P:** Sammlung Fastner, Zwiesel
69	**G:** Farblos mit kobaltblauer Innenblase und dichten Einlagen von Goldflins	70	**G:** Gelbliches Glas mit feinen, farbigen vor allem opak-grünen Glassplittern. Mit Klarglas überstochen.
	S: Spiegel, die Seiten mit dichten S-Kerben, KSF 6/2/2 (der alte Rohling wurde 1973 bei Kapfhammer in Frauenau geschliffen)		**S:** Spiegel, mit flächigen Seiten, KSF 8/1/1
	V: –		**V:** –
	M: 97 x 79 x 25		**M:** 87 x 70 x 22
	E: Ursprünglich mit starken Gebrauchsspuren		**E:** Geringe Gebrauchsspuren
	P: Sammlung Schaefer		**P:** Sammlung Schaefer
71	**G:** Farblos mit feinem Kröselüberfang in Blau und Rosa über Emailschicht	72	**G:** Farblos hohlgeschnürlt
	S: Spiegelringschliff, die Seiten gekerbt, KSF 6/1/1		**S:** langgezogener Spiegel mit dreiflächigen, am Fuß zusammenlaufenden Seiten. KSF 8/1/0
	V: Gravur „Josef Stockbauer"		**V:** Vorne Holzhackerzunftzeichen in Emailmalerei, rückseitig zwischen Blütenzweig „Xaver Neumeier"
	M: 91 x 64 x 42		**M:** 145 x 50 x 30, Keilform
	E: Gebrauchsspuren		**E:** Geringe Gebrauchsspuren
	P: Sammlung Fastner, Zwiesel		**P:** Sammlung Fastner, Zwiesel

73 **G:** Farblos mit rosa transp. Schnürln mit zentrischen Emailfäden. **S:** Planschliff, sechsflächiger Kragen **V:** – **M:** 97 x 44 x 19, Geigenform **E:** Geringe Gebrauchsspuren **P:** Sammlung Fastner, Zwiesel	**74** **G:** Hellgrün transp. mit appliziertem „Absatz" **S:** Kragen sechsflächig über die Schulter geschält, „Sohle" und „Absatz" gesteinelt, „Schaft" mit Borte und Ranke **V:** – **M:** 120 x 38ø, Stiefelform **E:** Geringe Gebrauchsspuren **P:** Sammlung Schaefer
75 **G:** Farblos mit Rosalin-Innenblase **S:** – **V:** Gravur „Josef Stauber n. 63" rückseitig Bauernstandszeichen **M:** 95 x 76 x 21, Ringglas **E:** Gebrauchsspuren **P:** Sammlung Fastner, Zwiesel	**76** **G:** Graues Trübglas mit fleischfarbener Ätzung (?) **S:** Kragen achteckig geschält **V:** In Emailmalerei Vergißmeinnicht am Handrücken, drei Finger beringt mit mehrfarbigen Glasperlen. Als Verschluß kleine Neidfaust in Messing. **M:** **E:** Gebrauchsspuren, eine Glasperle ausgebrochen. **P:** Bayer. Nationalmuseum, München
77 **G:** Farblos mit Emailüberfang **S.** Kragen sechsfach geschält **V:** Flachfarbenmalerei (Eschenblätter) auf Handrücken. Ringe durch pastose Goldfarbenauftrag angedeutet. **M:** 100 x 60 x 43 **E:** Gebrauchsspuren **P:** Sammlung Fastner, Zwiesel	**78** **G:** Hellblaues Trübglas **S:** Kragen sechsfach geschält **V:** Malerei und Paterbesatz wie bei Nr. 76! **M:** 92 x 59 x 36 **E:** Gebrauchsspuren, Zeigefinger abgeschliffen **P:** Sammlung Weiß, München

79	G:	Farblos mit blau-weißem Doppelüberfang	80	G:	Graues Trübglas

79

G: Farblos mit blau-weißem Doppelüberfang

S: Spiegel, die Seiten gekerbt, KSF 6/1/1

V: In Flachfarbenmalerei
Mann mit Pferd, Paterlbesatz in Rot-Gelb
Rückseitig „Zur Erinnerung",
rote und grüne Paterl. Die Schliffkanten
mit Glanzgold nachgezogen.

M: 90 x 71 x 25

E: Keine Gebrauchsspuren

P: Sammlung Fastner, Zwiesel

80

G: Graues Trübglas

S: Spiegel, flächige Seiten, KSF 8/1/1

V: In Flachfarben Zunftzeichen des Ge-
schirrbauers, blauer Paterlbesa
Hinten feine, florale Glanzgoldmalerei
und schwarze Namensbezeichnung
„Joh. Vohrnem", grüne, gezwickte Paterl.
Schliffflächen mit Glanzgold gerahmt

M: 102 x 84 x 23

E: Glanzvergoldung verwischt. Spuren
von beginnender „Glaskrankheit"

P: Sammlung Schaefer

81

G: Farblos mit rubinrotem Innenüberfang,
mit Emailfaden maschinell umsponnen

S: Spiegelringschliff mit gekerbten
Seiten, KSF 6/1/1

V: −

M: 97 x 72 x 25

E: Gebrauchsspuren

P: Sammlung Schaefer

82

G: Farblos mit grünem, transp. Innenüberfang, mit Emailfaden maschinell
umsponnen

S: −

V: −

M: 109 x 88 x 28

E: Keine Gebrauchsspuren

P: Bayer. Nationalmuseum, München

83

G: Hellgrün transp. mit gewendelter,
feiner Verrippung

S: −

V: −

M: 96 x 73 x 20

E: Keine Gebrauchsspuren

P: Sammlung Schaefer

84

G: Farblos mit geschnürlten Fäden in Blau,
Weiß und Rot. Senkrechte Verrippung

S: −

V: −

M: 81 x 56 x 31

E: Gebrauchsspuren

P: Sammlung Fastner, Zwiesel

85

G: Farblos, fein verrippte Oberfläche mit Zopfmuster

S: –

V: –

M: 93 x 68 x 37, bauchige Linse

E: Starke Gebrauchsspuren

P: Sammlung Schaefer

86

G: Olivfarbenes, „Antikgrünes" Glas, in der Form geblasen. Über den Boden gezogene Vertikalrippen, die Schulter mit umlaufender Horizontalwulst abgesetzt.

S: –

V: –

M: 90 x 75 x 26

E: Ohne Gebrauchsspuren

P: Sammlung Schaefer

87

G: Farblos mit rosa Goldrubininnenüberfang, hohlgeschnürlt

S: Spiegel, mit S-Kerben, KSF 8/1/1

V: Weiße Emailpunkte um Spiegel, Reste von Glanzvergoldung in den Schliffkanten. Frontal Gravur „Xaver Gäch Zimermā", hinten „Breitenhausen"

M: 104 x 84 x 25

E: Starke Gebrauchsspuren

P: Sammlung Schaefer

88

G: Farblos, hohlgeschnürlt

S: Spiegel, die Seiten mit S-Kerben, KSF 6/1/1

V: –

M: 103 x 87 x 26

E: Starke Gebrauchsspuren

P: Sammlung Schaefer

89

G: Grün, transp., hohlgeschnürlt

S: –

V: –

M: 96 x 77 x 28

E: Gebrauchsspuren

P: Sammlung Schaefer

90

G: Farblos mit schwefelgelbem Innenüberfang, hohlgeschnürlt

S: Spiegel mit flächigen Seiten KSF 8/1/1

V: Emailmalerei von Heinrich Ulbrich, Zwiesel, vorne „Michl Hof", hinten „Platzmeister" in Blütenrispen. Emailpunkte um Spiegel.

M: 98 x 76 x 21

E: Keine Gebrauchsspuren

P: Sammlung Reitbauer, Regen

91		92	
G:	Farblos mit feinen Perlen	**G:**	Farblos, innen rubingeätzt, mit großen Perlen
S:	–	**S:**	Spiegel, die Seiten mit Ovalspiegel und Steinelung. Der hintere Spiegel mit Rauten, der vordere mit Phantasieschliff KSF 8/2/2
V:	–	**V:**	–
M:	97 x 75 x 24	**M:**	119 x 94 x 22
E:	Starke Gebrauchsspuren	**E:**	Starke Gebrauchsspuren
P:	Sammlung Schaefer	**P:**	Sammlung Schaefer

93		94	
G:	Farblos, geperlt	**G:**	Farblos, innen rubingeätzt. Zwischen gewendeltem Emailfaden gleichmäßige Reihen von Luftperlen, Wandung senkrecht verrippt.
S:	Spiegel, seitlich Spiegel mit Steinelung KSF 8/2/2	**S:**	–
V:	–	**V:**	–
M:	105 x 90 x 18	**M:**	92 x 66 x 28
E:	Starke Gebrauchsspuren	**E:**	Starke Gebrauchsspuren
P:	Sammlung Fastner, Zwiesel	**P:**	Sammlung Fastner, Zwiesel

95		96	
G:	Farblos mit Rosalininnenblase	**G:**	Farblos mit „jagdgrüner" Innenblase
S:	Tropfenförmige Spiegel, die Seiten als S-Walzen über den Boden gezogen, jede zweite mit Rillen. Frontalspiegel mit stil. „Auge", rückseitig sehr guter „Prinzregent-Luitpold"-Schliff KSF 8/1/0	**S:**	Spiegel, die Seiten mit gekerbten S-Walzen. Frontal Spitzsteinelung in abgewandelter Dreiecksform, rückseitig „Prinzregent-Luitpold"-Schliff, KSF 8/2/2, Fußplatte gesteinelt
V:	–	**V:**	–
M:	98 x 79 x 20	**M:**	104 x 76 x 27
E:	Gebrauchsspuren	**E:**	Geringe Gebrauchsspuren
P:	Sammlung Schaefer	**P:**	Sammlung Schaefer

97

G: Uranglas

S: Ornamentalschliff mit stark hoch-
geschliffenen Medaillons an den Seiten.
Feine Steinelung. Achteckiger Kragen.

V: –

M: 112 x 97 x 23

E: Starke Gebrauchsspuren,
Körper etwas bestoßen

P: Sammlung Fastner, Zwiesel

98

G: Farblos mit Rubininnenblase

S: Spiegel, die Seiten mit S-Walzen,
KSF 8/1/1

V: Diamantritzung beidseitig mit
humoristischer Jagdszene, dazu
die Devise „Gute Nacht Schnepfe".
Die Schliffkanten in Glanzgold

M: 99 x 81 x 25

E: Geringe Gebrauchsspuren

P: Sammlung Fastner

99

G: Flaschenbraun transp.

S: Planschliff, die Seiten an der Schulter
gekerbt, der gerade Kragen achtfach
geschält.

V: In gutem, naiven Schnitt, vorne St. Joseph
mit Kind, rückseitig „sprossendes Herz"

M: 136 x 51 x 24, Keilform

E: Gebrauchsspuren

P: Sammlung Fastner, Zwiesel

100

G: Farbglas mit Rosalininnenüberfang

S: Spiegel, die Seiten auf Kante,
KSF 6/1/1

V: In Schnittarbeit Maria mit Kind,
bezeichnet „St. Maria v. Altötting"

M: 90 x 79 x 21

E: Gebrauchsspuren

P: Sammlung Fastner, Zwiesel

101

G: Hellblau transp.

S: Spiegel, die Seiten mit S-Kerben,
KSF 6/1/1

V: In Mattschnitt die Darstellung eines
anzapfenden Schankburschen,
hinten „J. Eglreiter"

M: 89 x 72 x 18

E: Starke Gebrauchsspuren

P: Sammlung Fastner, Zwiesel

102

G: Dunkelgrün transp.

S: Spiegel, die Seiten mit S-Kerben,
KSF 8/1/1

V: In Mattschnitt Bauer und Bäuerin
mit Obstkorb

M: 106 x 94 x 24

E: Starke Gebrauchsspuren,
Kragen bestoßen

P: Sammlung Fastner, Zwiesel

103	**G:**	„Antikgrün" (olivfarben) transp.	104	**G:**	Dunkelgrün transp.
	S:	Spiegel, die Seiten mit kleinen Oval-spiegeln und S-Kerben, KSF 6/1/2		**S:**	Doppelspiegel mit radial gekerbtem (rückseitig gesteineltem) Ring. Die Seiten als Steinel-Band. KSF 8/1/1
	V:	In feinem Schnitt Geige, Posaune und Notenblatt, rückseitig „Alois Schmid"		**V:**	In Mattschnitt Bauern-Standzeichen, rückseitig die Initialen „JJH" und die Jahreszahl „1821" zwischen Palmzweigen
	M:	95 x 75 x 25		**M:**	91 x 74 x 29
	E:	Gebrauchsspuren, Kragen etwas bestoßen		**E:**	Starke Gebrauchsspuren, Kragen leicht bestoßen
	S:	Sammlung Schaefer		**P:**	Waldmuseum, Zwiesel

105	**G:**	Farblos mit Außen-Rubinierung	106	**G:**	Blaugrün transp.
	S:	Spiegel, die Seiten mit S-Kerben, KSF 6/1/1		**S:**	Spiegel, die Seiten zweireihig gekerbt, der Boden plangeschliffen.
	V:	In gutem Schnitt fein detaillierter Blumenstrauß, hinten die Bezeichnung „Jos. Köchl"		**V:**	In naivem, aber feinem Schnitt Hirsch mit stilisierten Pflanzen, hinten die Initialen „HR"
	M:	88 x 75 x 14 (!)		**M:**	114 x 99 x 26
	E:	Gebrauchsspuren		**E:**	Gebrauchsspuren
	P:	Sammlung Schaefer		**P:**	Sammlung Schaefer

107	**G:**	Farblos mit grüner Innenblase und Innenverspiegelung	108	**G:**	Grün transp.
	S:	Spiegel mit flächigen Seiten, KSF 8/2/0		**S:**	Spiegel, die Seiten in Keilschliff, KSF 8/1/1
	V:	–		**V:**	Farbdruck auf Emailgrund, mit winterlicher Darstellung
	M:	115 x 89 x 29		**M:**	100 x 77 x 23
	E:	Keine Gebrauchsspuren		**E:**	Gebrauchsspuren
	P:	Sammlung Reitbauer, Regen		**P:**	Sammlung Schaefer

109	**G:** Farblos mit Emailinnenblase, darüber Farbglassplitter und Flinseinschlüsse	**110**	**G:** Farblos mit Rosenkranzperlen in Weiß und Weiß-Blau, dazwischen Wendeln in Weiß-Gelb-Flinsgrün
	S: Spiegel, die Seiten geschält, dazwischen eine S-Kerbe, KSF 8/1/1		**S:** Spiegel mit flächigen Seiten, KSF 6/1/1
	V: Foto auf Emailgrund, schnurrbärtiger Besitzer vor Holzstoß. Um das Foto blaue Emailpunkte. Rückseitig Reste einer Namensbezeichnung „Fritz Biltz" (?) in Glanzgold		**V:** Foto mit Besitzerportrait auf Emailgrund, umrahmt von orange-farbenen Emailpunkten
			M: 92 x 73 x 22
	M: 94 x 78 x 21		**E:** Geringe Gebrauchsspuren
	E: Gebrauchsspuren		**P:** Sammlung Fastner
	P: Sammlung Schaefer		

111	**G:** Annagelb transp. mit verlaufendem Emailinnenüberfang	**112**	**G:** Rotbraun transp. umlaufender dichter Faden in Wellendekor, silbern lüstrierend
	S: –		**S:** –
	V: Blütenranken in Emailmalerei, weißer Merkurstab, hinten die verschlungenen Initialen „RFP"		**V:** –
			M: 146 x 118 x 39
	M: 186 (!) x 150 x 50		**E:** Gebrauchsspuren
	E: Keine Gebrauchsspuren		**P:** Sammlung Dr. Haller, Zwiesel
	P: Sammlung Dr. Haller, Zwiesel		

113	**G:** Hellgrün mit kraterähnlicher Oberfläche, lüstrierend	**114**	**G:** Farblos mit gelben und violetten gerissenen Fäden, violette Lüstrierung
	S: –		**S:** –
	V: –		**V:** –
	M: 93 x 72 x 22		**M:** 84 x 53 x 43, runde Birnenform
	E: Gebrauchsspuren		**E:** Geringe Gebrauchsspuren
	P: Sammlung Fastner, Zwiesel		**P:** Sammlung Fastner, Zwiesel

115	**G:** Farblos	**116**	**G:** Farblos mit rosa-weißem Doppelüberfang, die Spiegel mit blauem Glasperlenbesatz
	S: –		**S:** Spiegelringschliff, die Seiten mit Linsen und Kerben, KSF 4/1/1
	V: In reicher Emailmalerei Rosendarstellung, seitlich Blütenornamente. Am Hals zwei Säume mit blauen Punkten, dazwischen gelbe Zickzacklinie		**V:** Emailmalerei mit Blumenmotiv (Wiesenbocksbart und Vergißmeinnicht?) hinten stilisierter Blütenkranz, Schliffkanten mit Glanzgold
	M: 69 x 54 x 31, Birnenform		**M:** 89 x 70 x 26
	E: Gebrauchsspuren		**E:** Geringe Gebrauchsspuren
	P: Sammlung Schaefer		**P:** Waldmuseum, Zwiesel

117	**G:** Farblos	**118**	**G:** Farblos
	S: Spiegel, Seiten und der abgesetzte Fuß in Spitzsteinelung, KSF 6/2/2, am Kragen die Schliffkanten mit feinen Kerben		**S:** –
	V: Beiderseits Transparenzmalerei mit Rosendarstellung. Rückseitig die Initialen JH in Emailgelb und -blau. Schliffkanten und Spiegel mit verschieden farbigen Emailpunkten verziert		**V:** In detaillierter Emailmalerei reitender Fuhrmann mit Wagen, hinten Haus mit Stall und Judenstern (?). Die Seiten mit Emailpunkten
	M: 90 x 71 x 21		**M:** 106 x 75 x 18
	E: Geringe Gebrauchsspuren		**E:** Geringe Gebrauchsspuren
	P: Sammlung Schaefer		**P:** Bayer. Nationalmuseum München

119	**G:** Farblos mit rosa-weißem Doppelüberfang, grüne und blaue, bzw. gelbe und blaue Paterl um die Spiegel	**120**	**G:** Farblos mit kobaltblauem transp. Außenüberfang
	S: Spiegelringschliff, die Seiten mit Spiegel und Linsen, KSF 4/1/1		**S:** Spiegel, die Seiten mit Linsen und Kerben, KSF 4/1/1
	V: In Flachfarben auf Emailgrund Mann mit Bierkrug auf Landstraße, hinten die Devise „Weils gleich is!"		**V:** In Flachfarben auf Emailgrund. Bauer mit Pferd, rückseitig die Devise „Zur Erinnerung". Um die Spiegel weiße Emailpunkte
	M: 88 x 69 x 26		**M:** 94 x 74 x 29
	E: Geringe Gebrauchsspuren, Kragen gebrochen und geklebt		**E:** Gebrauchsspuren
	P: Sammlung Schaefer		**P:** Sammlung Schaefer

121			122		
	G:	Hellblau transp., hohlgeschnürlt Paterlbesatz in Gelb und Rot		**G:**	Farblos, hohlgeschnürlt
	S:	Spiegel, die Seiten mit S-Kerben KSF 6/1/1		**S:**	Spiegel, die Seiten in Fantasieschliff gekerbt, KSF 8/1/1
	V:	In Flachfarben auf Email Metzgerzunftzeichen, hinten die Namens- und Ortsangabe „Gg. Franz Regen", Schliffkanten in Glanzgold		**V:**	In Flachfarben auf Email Bauernstands-symbole nach Vorlage der Werkstatt Ulbrich in Zwiesel, rückseitig die Angabe „Ludwig Zitzler 1914", um die Spiegel Emailpunkte, Glanzvergoldung
	M:	99 x 74 x 32, bauchige Birne		**M:**	100 x 76 x 23
	E:	Keine Gebrauchsspuren		**E:**	Geringe Gebrauchsspuren
	P:	Sammlung Reitbauer, Regen		**P:**	Sammlung Reitbauer, Regen

123			124		
	G:	Hellblau transp.		**G:**	Farblos hohlgeschnürlt mit Außen-überfang in Kupferrubin
	S:	Spiegel, gekerbte Seiten, KSF 8/0/0		**S:**	Spiegel, die Seiten auf Kante geschliffen, KSF 4/1/1
	V:	In Flachfarben auf Email Schnupfer mit Büchsl, hinten „Michl Lindner Brasiltabakfabrik Neuötting"		**V:**	In Flachfarben auf Email Pferdedar-stellung, hinten im stilisierten Blütenkranz die Devise „Schnupf Bruder"
	M:	91 x 75 x 18		**M:**	91 x 69 x 31
	E:	Keine Gebrauchsspuren		**E:**	Keine Gebrauchsspuren, kleiner Sprung in der Wandung
	P:	Sammlung Schaefer		**P:**	Waldmuseum, Zwiesel

125			126		
	G:	Kobaltblau transp.		**G:**	Annagelb transp.
	S:	Spiegel mit flächigen Seiten, KSF 8/2/2		**S:**	Spiegel, die Seiten mit „Oliven" und Kerben, KSF 6/1/1
	V:	In Flachfarben auf Email Holzhacker-Zunftzeichen umrahmt von roten und weißen Emailpunkten, hinten „Johann Moser", Kragen, Rückseite und Schliffkanten mit Glanzgoldverzierung		**V:**	In Emailmalerei Bergmannssymbole, die Devise „Glückauf!" mit Jahreszahl 1885 im Blütenkanz. Rückseitig „Georg Haller". Emailpunkte um Spiegel und auf den Schliffflächen
	M:	86 x 73 x 20		**M:**	100 x 85 x 31
	E:	Geringe Gebrauchsspuren, Kragen, Schulter und Fuß leicht bestoßen		**E:**	Geringe Gebrauchsspunren
	P:	Sammlung Schaefer		**P:**	Sammlung Dr. Haller, Zwiesel

127	**G:** Farblos mit weißem Innenüberfang und grünen Fadenpunkten	**128**	**G:** Farblos mit Goldrubininnenüberfang. Zwischen gewedeltem Emailfaden durch Vorbläser abgetrennte Luftperlen
	S: Fuß plangeschliffen		**S:** Fuß plangeschliffen
	V: –		**V:** –
	M: 86 x 60 x 25		**M:** 104 x 65 x 25, flache Birnenform
	E: Keine Gebrauchsspuren		**E:** Keine Gebrauchsspuren
	P: Sammlung Blechinger		**P:** Sammlung Blechinger
129	**G:** Farblos mit transp. rotem und blauem Außenüberfang	**130**	**G:** Farbglas mit weiß-blauem Doppelüberfang
	S: Zierschliff mit horizontalen Walzen an der Überfangtrennstelle, seitlich Spiegel und S-Kerben, Kragen vierfach geschält		**S:** Musterschliff in feiner Ausführung, Kragen vierfach geschält
			V: –
	V: –		**M:** 94 x 69 x 23
	M: 98 x 81 x 27		**E:** Keine Gebrauchsspuren
	E: Keine Gebrauchsspuren		**P:** Sammlung Blechinger
	P: Sammlung Blechinger		
131	**G:** Farblos mit opakgrünem Innen- und Außenüberfang in opakem Dunkelrot-Weiß-Hellrot.	**132**	**G:** Farblos mit Emailüberfang und senkrechten blauen Fäden, darüber ein gleichartiger Faden horizontal gesponnen
	S: Kragen vierfach, die Schultern einfach geschält, Fuß einfach abgesetzt.		**S:** Standfläche ausgeschliffen
	V: Nach Vorlage auf altem Bauernschrank eine Bauerndirn mit Haube in stilisierter Darstellung, rückseitig ornamentaler Dekor.		**V:** –
			M: 106 x 72 x 25
	M: 101 x 78 x 29		**E:** Ohne Gebrauchsspuren
	E: Ohne Gebrauchsspuren		**P:** Sammlung Schaefer
	P: Sammlung Schaefer		

133	G:	Milchglas mit rosafarbenem, gekämmten Faden. Zusätzlich mit Klarglasfaden umsponnen.	134	G:	Milchglas mit Fadenflecken in Grün-Braun, maschinell mit Klarglas umsponnen
	S:	Standfläche geschliffen		S:	Standfläche geschliffen
	V:	–		V:	–
	M:	111 x 76 x 28		M:	95 x 63 x 26
	E:	Ohne Gebrauchsspuren		E:	Ohne Gebrauchsspuren
	P:	Sammlung Schaefer		P:	Sammlung Schaefer
135	G:	Farblos mit violettem Innen- und Mehrfachaußenüberfang in Dunkelrot, Ocker, Weiß.	136	G:	Farbglas mit Dreifachüberfang in Dunkelrot – Orange – Hellrot und grüner Glasstaubinnenblase
	S:	Zierschliff mit Schmetterling (Pfauenauge), die Seiten mit stilisierten Blüten.		S:	Zierschliff mit Stockschwämmchen – rückseitig Reherl – seitlich Fichten.
	V:	–		V:	–
	M:	91 x 70 x 25		M:	98 x 74 x 24
	E:	Ohne Gebrauchsspuren		E:	Ohne Gebrauchsspuren
	P:	Sammlung Schaefer		P:	Sammlung Schaefer
137	G:	Farblos mit abwechselnd blauen und weißen feinen achtgängigen Wendeln.	138	G:	Farblos mit weißen Rosenkranzperlen und rosa transp. Wendeln mit dunklerem Saumfaden.
	S:	Planschliff mit flächigen Seiten, KSF 6/1/0		S:	Planschliff mit Seitenkerben
	V:	–		V:	–
	M:	93 x 70 x 20		M:	100 x 75 x 24
	E:	Keine Gebrauchsspuren		E:	Keine Gebrauchsspuren
	P:	Sammlung Schaefer		P:	Sammlung Schaefer

139	**G:** Farblos mit weißblauen Rosenkranzperlen, viergängigen hellblauen Fäden über Emailband, 9-fach eingängige weiße Fäden auf braunem Faden, gleichartiger Glasstöpsel.	140	**G:** Farblos mit Rosenkranzperlen aus rot-gelben Fäden, Wendeln in Gelb-Blau und viergängige Fäden in Flinsgrün über weißem Band
	S: Planschliff, die Seiten mit S-Kleben, KSF 6/2/2		**S:** Planschliff, flächige Seiten, KSF 8/2/2
	V: –		**V:** –
	M: 91 x 68 x 24		**M:** 88 x 63 x 23
	E: Ohne Gebrauchsspuren		**E:** Ohne Gebrauchsspuren
	P: Sammlung Schaefer		**P:** Sammlung Schaefer
141	**G:** Theresienthaler Bernsteinfarbe mit Klarglasüberfang, hohlgeschnürlt, gekniffter Fuß	**142**	**G:** Theresienthaler „Jagdgrün" mit weißen Fadenflecken, mit Klarglas überstochen
	S: –		**S:** Boden geschliffen
	V: –		**V:** –
	M: 99 x 62 x 27		**M:** 94 x 73 x 26
	E: Keine Gebrauchsspuren		**E:** Keine Gebrauchsspuren
	P: Sammlung Schaefer		**P:** Sammlung Schaefer
143	**G:** Uranglas	**144**	**G:** Farblos
	S: Spiegel, die Seiten als S-Walzen		**S:** Planschliff, die Ecken gekerbt, der Kragen vierfach geschält
	V: Schnitt 1976 von Rudolf Wagner, Zwiesel, nach alter Vorlage. Frontal Hl. Georg, rückseitig „Georg David"		**V:** Hervorragender Mattschnitt mit Jagdszene: Hund übergibt Vogel dem Jäger
	M: 93 x 82 x 26		**M:** 92 x 70 x 19
	E: Starke Gebrauchsspuren		**E:** Ohne Gebrauchsspuren
	P: Sammlung Schaefer		**P:** Sammlung Schaefer

145	**G:**	Farbglas mit Emailüberfang und Farbglaskröseln, freihändig mit rotem Faden umsponnen	**146**	**G:**	Farblos mit blauer transp. Innenblase und eingestochenen Luftperlen
	S:	Standfläche geschliffen		**S:**	Radialkerben über die Seiten gezogen, sechsflächiger Kragen
	V:	–		**V:**	–
	M:	82 x 44 ø, runde „Schneemann"-form		**M:**	102 x 80 x 22
	E:	Keine Gebrauchsspuren		**E:**	Geringe (künstliche) Gebrauchsspuren
	P:	Sammlung Reitbauer, Regen		**P:**	Sammlung Schaefer
147	**G:**	Farblos mit braunroter marmorierter Innenblase und opakem gelben Außenüberfang	**148**	**G:**	Farblos mit transp. amethystfarbenem Innen- und opakem blauen Außenüberfang
	S:	Spiegel-Doppelringschliff, seitlich Spiegel mit Stern, KSF 4/2/1		**S:**	Spiegel mit achtstrahligem Knopfstern, gekerbte Seiten
	V:	–		**V:**	–
	M:	94 x 70 x 27		**M:**	98 x 81 x 29
	E:	Keine Gebrauchsspuren		**E:**	(Künstliche) Gebrauchsspuren
	P:	Sammlung Schaefer		**P:**	Sammlung Schaefer
149	**G:**	Farblos mit „Millefioris" in Weiß-Blau-Grün auf dunkelblauem Grund	**150**	**G:**	Farblos mit 13-gängigen und dreifach-zweigängigen weißen Wendeln, dazwischen senkrechte rote Fäden
	S:	–		**S:**	
	V:			**V:**	–
	M:	103 x 74 x 43		**M:**	101 x 70 x 43
	E:	Keine Gebrauchsspuren		**E:**	Keine Gebrauchsspuren
	P:	Sammlung Schaefer		**P:**	Sammlung Schaefer

Tab. 1:

Blütezeiten verschiedener Glastechniken in Italien, Deutschland und Böhmen

Technik	16. Jh.	17. Jh.	18. Jh.	19. Jh.	Bemerkung
einschichtige Farbgläser	▬▬				venezianische Farbgläser
		▬▬▬▬	▬▬▬▬		Milchglas in Deutschland und Böhmen
			▬▬	▬▬	Goldrubinglas in Deutschland, (später vor allem zur Rosa-färbung)
				▬▬	spez. Farbgläser in Böhmen, wie Lithyalin-, Hyalith-, Bein- und Urangläser
mehrschichtige Farbgläser				▬▬	Überfanggläser in Böhmen
Gläser mit Faden- oder Banddekor	▬▬	▬▬			venezianische Fadengläser
spez. Glasmasse oder Einschlüsse	▬▬				venezianische Achatgläser, Aventurintechnik, Millefiori
			▬▬		„getupftes" Milchglas in Deutschland
Freihandformen und Auflagen	▬▬	▬▬	▬▬		in Deutschland Scherzgefäße „Krautstrünke", Römer mit Faden
optische Gläser	▬▬	▬▬			optisch „verrippte" Gläser in Deutschland
Schliff				▬▬	Schlifftechniken in Deutschland und Böhmen
Schnitt		▬▬	▬▬		der „klassische" Glasschnitt in Nürnberg, Böhmen, Potsdam, Sachsen usw.
				▬▬	Schnitt in Böhmen z.B. Pfohl, Biemann usw.
Emailmalerei	▬▬				Emailmalerei in Venedig
	▬▬	▬▬	▬▬		dto in Deutschland und Böhmen (Reichsadlerhumpen, Paßgläser, usw.)
Transparentmalerei				▬▬	Dresden, Wien, (Mohn, Kothgasser)
Goldauflagen			▬▬	▬▬	Zwischengoldgläser in Böhmen und Schlesien (Mildner)
Aufsetzen von Fremdteilen				▬▬	eingeglaste Pasten in Böhmen

Tab. 2:

Einige historisch gesicherte Daten über den Gebrauch und die Herstellung von Schnupftabakgläsern

Zeit	Ereignis	Quelle
1678	Fertigung in der Glashütte „am Lehel" in München	Lit. 17 (Rechnungen)
1741/1766	Tabakfläschchen bei Bodenmaiser Bergknappen	Lit. 5 (Testamente)
1794	Tabakfläschchen eines Kraxentragers	Lit. 6 (Verlassenschaft)
um 1800	emailbemalte Tabakflaschen aus Oberösterreich	Lit. 12 (Museum Linz)
1821	datiertes Schnupftabakglas, Raum Zwiesel	Waldmuseum Zwiesel
um 1840	Hüttenfertigung in Spiegelau	Lit. 18 (Prozeßakte)
1852	geschliffene Gläser auf der Industrieausstellung in Landshut	Lit. 15 (Katalog)
um 1900	Hüttenfertigung in Spiegelau	Lit. 16 (Katalog)
um 1900	div. datierte Gläser verschiedener Techniken	Fotoarchiv Schaefer
um 1900	Glasl in Oberzwieselau	Skizzen Graßl (Archiv Schmidt)
um 1900	Glasl in Oberfrauenau	Glasmacher Hasenkopf
1900/1905	Hüttenfertigung in Spiegelhütte	Lit. 19 (Lohnbuch)
1885–1926	Glasmalerei in Werkstatt Ulbrich in Zwiesel	Lit. 20 (Geschäftsbücher), Bericht A. Ulbrich
um 1910	div. datierte Gläser verschiedener Techniken	Fotoarchiv Schaefer
1930–1950	Gelegenheitsarbeiten einiger Glasmacher	div. Aussagen
1958–dato	umfangreiche Arbeiten zahlreicher Glasmacher und Glasveredler	Fotoarchiv Schaefer
1976	in geringem Umfang Hüttenfertigung in Ludwigsthal, gelegentlich auch in der Hütte Eisch in Frauenau	Archiv Schaefer

Tab. 3:

Ungefähre Datierung der verschiedenen Schnupftabakglastechniken, soweit sie sich durch Quellen und erhaltene Exemplare nachweisen läßt.

Technik	18. Jh.	19. Jh.	20 Jh.	Bemerkung
Einschichtige Farbgläser	━━	━━	━ - -	einschichtige unveredelte Gläser, sog. „Ordinariglasl", in einfachen Farben
		━━		Trübgläser
		━━		Urangläser
mehrschichtige Farbgläser		━━	━	Überfanggläser
Bandeinlagen		━	- -	Bandlgläser
		━		Breitg'schnürlte
	━━	━━	━━	G'rissene (im 18. Jh. Milchglas)
Fadeneinlagen		━━	━	verdrehte Fäden
		━	━	Mascherl
spez. Glasmasse		━━	━	Schwartenmagen
		━	- -	Flinsglasln
		━	━	Millefiori
Freihandformen		━━	━	Geige, Wetzstein, Ringglas usw.
		━	━	Neidfaust
Auflagen		━━	━	G'sponnene (im 19. Jh. meist mit Maschine, im 20. Jh. meist Freihand)
optische Gläser	━━	━━		verrippte Gläser und Formgläser
		━━	━	Bladerl
		━━	- -	Hohlg'schnürlte
			━ ━	G'schleuderte
Schliff		━━	━	Grund- und Freischliff
Schnitt		━━	- -	hier als Schnitt, nicht Gravur von Initialen usw.
Ätzen		━	━	Rubingeätzte
Lüstrieren		━		lüstrierte Jugendstilgläser
Verspiegeln			━	Verspiegelte
Emailmalerei	━ - -	━	- -	Emailmalerei
		━	━	Flachfarben auf Emailgrund
Aufsetzen von Fremdteilen		━		Paterl
			━	Gießharz

Tab. 4:
**Übersicht über einige interessante Glastypen aus dem Geschäftsbuch 1
der Werkstatt Ulbrich in Zwiesel 1893–1904:**

Jahr	Bezeichnung	Preis (Malereikosten in Klammern)	
1893	dunkelgrün (bemalt)	1,40	(—,90)
	zweifärbig Kupfer (bemalt)	1,50	(—,90)
	zweifärbig weiß überfangt (bemalt)	1,50	(—,90)
1894	zweifärbig Milchg. Angabe (Malerei)	1,60	(1,–)
	übersponnen	—,50	(—,—)
	dreifärbig rosa Glasperlen (bemalt)	2,20	(1,—)
	zweifärbig blau und Milchglas (bemalt)	1,60	(—,90)
	rosa hohl glatt	—,80	(—,—)
	Bandl geschliffen	—,30	(—,—)
1895	zweifärbig Milchglas Birn (bemalt)	1,—	(—,30)
	weiß hohlv. und bemalt	1,10	(—,40)
	weiß hohlv. glatt	—,70	(—,—)
	rubin hohlv. glatt	—,80	(—,—)
	Bandl geschliffen	—,60	(—,—)
1896	Weiß Bladerl	—,50	(—,—)
	dunkelgelb hohlversch.	—,80	(—,—)
	annagelb hohlversch.	—,80	(—,—)
	aurora hohlversch.	—,80	(—,—)
	Lüster und bemalt	—,90	(—,50)
	antik blos geschliffen	—,50	(—,—)
	blau geschliffen	—,50	(—,—)
	rosa geschliffen	—,60	(—,—)
	dreifärbig gelb	1,20	(—,—)
	dreifärbig blau	1,20	(—,—)
	dreifärbig aurora	1,20	(—,—)
	dreifärbig Kupfer	1,20	(—,—)
	blau Bladerl	—,55	(—,—)
	dunkelgrün Bladerl	—,60	(—,—)
1899	schwefelgelb	1.10	
	bernstein	1,—	
1899	ordinärverschnürlt	—,15	(—,—)
1902	Gesellschaftsbixl blau	1,50	
1903	Mascherlbixl	2,50	(—,—)
	großes Tabakglas ordinärversch.	—,80	(—,—)
	im Buch Nr. 2:		
1898	übersponnen Kragen ausgezogen	—,80	(—,—)
1909	hohlv. grün auf rosa (Namen & Blumen)	1,50	

196

Tab. 5:
**Übersicht über interessante Malmotive aus dem Geschäftsbuch 1
der Werkstatt Ulbrich in Zwiesel 1893–1904:**

Jahr	Bezeichnung	Preis (Malereikosten in Klammern)	
1893	Flügelrad (Farbglas blau)	1,30	(—,80)
	Bretterstoß (Farbglas blau)	1,30	(—,80)
	Lokomotif (Farbglas blau)	1,40	(—,90)
	Kutscher & 2 Pferde (Farbglas blau)	1,40	(—,90)
	Mann Bierfaß (antik)	1,40	(—,90)
	Bauernzeichen (antik)	1,40	(—,90)
	Metzger mit Ochsen (antik)	1,50	(1,10)
	Schmidzeichen (rosa)	1,50	(1,—)
	Veloziped & Lokomotif (rosa)	1,70	(1,20)
	Weichensteller (hohl rosa)	1,80	(1,10)
	Schuhmacherzeichen (dreifärbig)	2,20	(1,—)
	Steinmetzzeichen (rosa)	1,50	(1,—)
	Nahmen und Blumen (hohl d'grün)	1,50	(—,80)
	Maurerzeichen und Nahmen (rosa)	1,50	(1,—)
	Jäger und Hund (grün)	1,50	(1,—)
1894	Schnupf Bruder dös is a Guada (rosa)	1,30	(—,80)
	Wirtszeichen und Nahmen	1,70	(1,70)
	2 Pferde Ackersmann Pflug		(—,60)
	Bäckerzeichen (aurora)	1,50	(1,—)
	Schneiderzeichen (rosa)	1,50	(1,—)
	Ziegenbock (rosa)	1,60	(1,10)
	Schusterzeichen (antik)	1,20	(—,80)
1896	Schenkkellner und Nahmen		(—,60)
	Tischgesellschaft und Nahmen (hohl)	1,80	(1,—)
	2 Kühe (rosa)	1,80	(1,—)
	Fabrikgebäude & Nahmen (blau überf.)	1,70	(1,—)
	Werkzeichen Nahmen Rundschrift	1,80	(1,—)
	Polizeizeichen (dunkelgrün)	1,70	(1,—)
	4 Kartenspieler mit Nahmen, 3färbig blau auf 1 Seite mit Perlen	2,80	(1,60)
1897	Hirschkopf & Dampfmaschine (hohl)	2,—	(1,30)
	Gesellschaftstabakglas antikgrün Namen und Bräuhandwerk f. f.	6,—	(3,50)
1900	Kamrad	1,40	
1901	groß bernstein mit Nahmen und Weberzeichen	4,—	
1902	Flügelrad & Locomotife (rosa)	1,50	
	Wagner (rosa)	1,30	
1903	Müllerzeichen (rosa hohl)	1,70	
	im Buch Nr. 2:		
1908	Bergmannzeichen (2färbig rubin)	2,—	

Tab. 6:
Zwieseler Auftraggeber von Schnupftabakgläsern im Geschäftsbuch III (1893–1913) der Werkstatt Ulbrich

Schmalzweib von Arnsbruck
Frau Lehrerin Helga Lorenz
Frau Lorenz, Farnbach beim Wirt
Hch. Lackerbauer senior
Schwager Weiß
Frau Schillinger
Fräulein Anna Reßl
Frau Lorenz, Bischofsmais
Max Bauer
Prinz, Sägschneider (Sägearbeiter) in Feucht
Reisekutscher Maier
Michl Pfeffer (Brauerei)
Retzer
Wilhelm Buchinger
Herr Schlögel senior, Hafnermeister
Winterer, Knecht bei Pfeffer
Palme, Teisnach
Frau Mayer, Eisenbahn
Wegmacher, Regenhütte
Scheingerber (?)
Frau Lang
Ludwig Gaschler (8 Dutzend Ringelstopfer)
Wilhelm Buchinger
Frl. Denk
Schweinhändler für Wenzel Hagl
Frau Baierer, Totengräberin
Babette Schrank
Frl. Ilg
Frau Eigen (?)
Postbote Resch (?)
Wirt Max
Herr Fugerider, Drechsler in Oberzwieselau
(nur Malarbeiten für selbstgestellte Gläser!)
Herr J. Strohmeyer

Tab. 7:
Übersicht über einige der gebräuchlichsten Devisen auf Schnupftabakgläsern:

Ein hohes Anliegen war dem Schnupftabakglasbesitzer die individuelle Gestaltung seines „Büchsls". Neben der Verzierung mit bildlichen Darstellungen, den Datums- und Personalienbezeichnungen, stoßen wir deshalb häufig auch auf lustige Sprüche oder Devisen, die die Gemütseinstellung des Besitzers illustrieren helfen. Meist wurden derart verzierte Glasl auch im Sortiment der Malerwerkstätten geführt, aus dem der Kunde aussuchen konnte.

Die Bandbreite reicht von den üblichen Schnupfersprüchen über Standesvivate bis zum lakonischen „Andenken". Eine kleine Auswahl an Devisen soll hier kunterbunt aufgelistet werden:

Es lebe der Ackersmann!
Zur Erinnerung
Nimm dir a Pris!
Schnupf Bruada dös is a Guada!
Zum Andenken
I hob an Gutn
Aus Freundschaft
Dös is a Guada hats Dirndl gsagt, den spürst Bruada,
*   wenn man drin hot!*
Weils gleich is!
Zum Hochzeitsfest!
Hoch lebe der Hafner!
Weils mi gfreut!
Hoch lebe das edle Handwerk der Schuhmacherei!
Erinnerung an den Feldzug 1870/71
Vivat!
Wos a echta Jaga is, nimmt sich gern a guate Bris!
Dös ghört an Franz!
Gruß aus Bayrisch Eisenstein
Wos a echta Waidla is, dea hoit wos auf a frische Pris!
Wenn sich laben Herz und Mund,
*   braucht die Nase auch ein Pfund!*
Hoch lebe der erste Mai!
Schnupf Bruada, es ist kein Guter!
Nimm nicht z'viel, sunst kommst in d'Höll!
Is eh gleich!
Zum Namensfest
Gruß aus München

Tab. 8:

Einige im Text erwähnte Glashütten im Bayerwald

Hütte Buchenau (bei Frauenau): Gegr. 1629, stillgelegt 1927

Hütte Eisch (Frauenau): Gegr. 1946 als Glasveredelungsbetrieb, Hohlglaserzeugung seit 1952, 1975 mit 209 Beschäftigten

Gistlhütte (Frauenau): Gegr. 1925 von Gistl, Übernahme 1970 durch Hütte Spiegelau, seither nur maschinelle Hohlglaserzeugung

Hütte Ludwigsthal (bei Zwiesel): Gegr. 1826, stillgelegt 1928, Wiedergründung 1948, 1975 mit 79 Beschäftigten.

Hütte Oberzwieselau (bei Frauenau): Errichtet um 1450, 1925 stillgelegt.

Poschingerhütte (Frauenau): Gegr. im 15. Jh., erworben 1605 von Paulus Poschinger, 1975 mit 231 Beschäftigten.

Regenhütte (bei Zwiesel): Gegr. 1845 von Franz Steigerwald, 1975 mit 58 Beschäftigten

Riedlhütte (bei Spiegelau): Gegr. um 1450, 1975 mit 680 Beschäftigten.

Schachtenbachhütte (bei Rabenstein): ehemalige Hütte Rabenstein, 1822 von Franz Steigerwald verlegt nach Schachtenbach, 1863 stillgelegt, Übernahme der Produktion nach Regenhütte.

Schott AG, vormals Hütte Annathal (Zwiesel): Gegr. 1872 von Anton Müller, 1975 mit 1836 Beschäftigten, davon ca. 186 in der Mundglasabteilung.

Hütte Spiegelau (Spiegelau): Erwähnt seit 1521, wechselnde Standorte, seit 1834 unter Anton Hellmeier wieder in Spiegelau, 1975 mit 524 Beschäftigten.

Spiegelhütte (bei Zwiesel): Gegr. 1834, Zweigwerk von Buchenau um 1926 (?) stillgelegt.

Hütte Theresienthal (bei Zwiesel): Gegr. 1836 von Franz Steigerwald, 1975 mit 227 Beschäftigten.

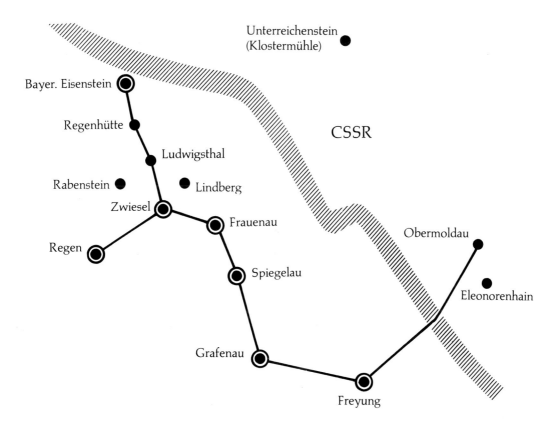

Abb. 63: Übersicht über einige im Text erwähnte Hüttenstandorte

P. P.

Um vielseitigen Wünschen meiner Kunden gerecht zu werden, habe ich mich entschlossen, in diesem Jahre eine

neue Preis-Liste

von **Tabak-Gläsern** erscheinen zu lassen und gebe ich mir die Ehre, Ihnen dieselbe zur geneigten Durchsicht zu unterbreiten.

Mit der Bitte, mir geschätzte Aufträge im Interesse einer prompten Lieferung baldmöglichst erteilen zu wollen, empfehle ich mich

mit besonderer Hochachtung

L. Stangl.

Glas-Fabrik Spiegelau, bayer. Wald.

Nro.		Farbe	Form	Schliff	Decor		ℳ	₰
1	Tabakglas	halbweiss	rund, oval und flach				5	—
2	do.	weiss	do.			glatt u. gestr.	6	50
3	do.	do.	do.			mit Perlen	9	50
4	do.	do.	do.			gepresst	9	50
5	do.	do.	do.	ordinär			30	—
6	do.	do.	do.	Facetten			45	—
7	do.	do.	do.	do.	fein		90	—
8	do.	do.	do.		ordinär	glatt	20	—
9	do.	do.	do.			mit hohlen Schnüren	30	—
10	do.	do.	do.	Facetten		do.	60	—
11	do.	türkischblau	do.			glatt u. gestr.	12	—
12	do.	do.	do.			gepresst	16	—
13	do.	do.	do.	ordinär			45	—
14	do.	do.	do.	Facetten			60	—
15	do.	do.	do.	do.	fein		110	—
16	do.	do.	do.		ordinär	glatt	25	—
17	do.	alabaster	do.			glatt u. gestr.	12	—
18	do.	do.	do.			gepresst	16	—
19	do.	do.	do.	ordinär			45	—
20	do.	do.	do.	Facetten			60	—
21	do.	do.	do.	do.	fein		110	—
22	do.	alabaster	do.		ordinär	glatt	25	—
23	do.	hellgrün	do.			do.	8	—
24	do.	do.	do.			gepresst	12	—

Abb. 64: verkleinerte Reproduktion der Preisliste Spiegelau, 1900

Glas-Fabrik Spiegelau, bayer. Wald.

Nro.	Farbe	Form	Schliff	Decor		ℳ	δ
25	Tabakglas hellgrün	rund, oval und flach			mit Perlen	12	—
26	do.	do.	ordinär			40	—
27	do.	do.	Facetten	fein		50	—
28	do.	do.	do.	ordinär		100	—
29	do.	do.			glatt	23	—
30	do.	do.			mit hohlen Schnüren	30	—
31	dunkelgrün	do.	Facetten		do.	65	—
32	do.	do.			glatt	8	—
33	do.	do.			gepresst	12	—
34	do.	do.			mit Perlen	12	—
35	do.	do.	ordinär	fein		40	—
36	do.	do.	Facetten	ordinär		50	—
37	do.	do.	do.		glatt	100	—
38	do.	do.			glatt u. gestr.	23	—
39	hellblau	do.			gepresst	9	—
40	do.	do.	ordinär			14	—
41	do.	do.	Facetten		mit Perlen	13	—
42	do.	do.	do.			40	—
43	do.	do.		fein		50	—
44	do.	do.		ordinär		100	—
45	do.	do.			glatt	23	—
46	do.	do.			mit hohlen Schnüren	30	—
47	do.	do.	Facetten		do.	65	—
48	dunkelblau	do.			glatt u. gestr.	9	—

Glas-Fabrik Spiegelau, bayer. Wald.

Nro.	Farbe	Form	Schliff	Decor		ℳ	δ
49	Tabakglas dunkelblau	rund, oval flach			gepresst	12	—
50	do.	do.	ordinär			40	—
51	do.	do.	Facetten	fein		50	—
52	do.	do.	do.	ordinär		100	—
53	hellgelb	do.			glatt	23	—
54	do.	do.			glatt u. gestr.	8	—
55	do.	do.			gepresst	12	—
56	do.	do.			mit Perlen	12	—
57	do.	do.			mit hohlen Schnüren	30	—
58	do.	do.	Facetten		do.	65	—
59	do.	do.	ordinär	fein		40	—
60	do.	do.	Facetten	ordinär		50	—
61	do.	do.	do.		glatt	100	—
62	do.	do.			glatt u. gestr.	23	—
63	dunkelgelb	do.			gepresst	8	—
64	do.	do.	ordinär			12	—
65	do.	do.	Facetten	fein		40	—
66	do.	do.	do.	ordinär		50	—
67	do.	do.			glatt	100	—
68	do.	do.			glatt u. gestr.	23	—
69	schwefelgelb	do.			gepresst	15	—
70	do.	do.			glatt	30	—
71	do.	do.			gepresst	30	—
72	do.	do.	ordinär	ordinär	mit Perlen	45	—

Glas-Fabrik Spiegelau, bayr. Wald.

Nro.	Material	Farbe	Form	Schliff	Decor		ℳ	₰
73	Tabakglas	schwefelgelb	rund, oval und flach	Facetten		mit hohlen Schnüren	65	—
74	do.	do.	do.			do.	38	—
75	do.	do.	do.	Facetten			70	—
76	do.	do.	do.	do.	fein		110	—
77	do.	do.	do.		ordinär	glatt	25	—
78	do.	rosa od.	do.			glatt u. gestr.	25	—
79	do.	rubinrot	do.			gepresst	35	—
80	do.	do.	do.	Facetten		mit hohlen Schnüren	70	—
81	do.	do.	do.			do.	50	—
82	do.	do.	do.	Facetten			80	—
83	do.	do.	do.	do.		zweifärbig	70	—
84	do.	do.	do.	do.		dreifärbig	120	—
85	do.	do.	do.	do.	fein	für Kinder	45	—
86	do.	email	do.	do.		zweifärbig	70	—
87	do.	blau	do.	do.		do.	70	—
88	do.	kupferrot	do.	do.	fein	do.	70	—
89	do.	zweifärbig	do.	do.		do.	120	—
90	do.	grün	do.	do.		dreifärbig	120	—
91	do.	blau	do.	do.		do.	120	—
92	do.	Email	do.	do.		do.	120	—
93	do.	gelb	do.	do.	fein	do.	120	—
94	do.	dreifärbig	do.	do.		do.	180	—
95	do.	rosa	do.	do.		umsponnen	60	—
96	do.	blau	do.	do.		do.	60	—

Glas-Fabrik Spiegelau, bayr. Wald.

Nro.	Material	Farbe	Form	Schliff	Decor		ℳ	₰
97	Tabakglas	verschieden	rund, oval u. flach			geschlossene Bänder	30	—
98	do.	do.	do.			offene Bänder	25	—
99	do.	do.	do.			verschnürt	14	50
100	do.	hellblau	do.				20	—
101	do.	dunkelblau	do.			Emailbänder	30	—
102	do.	do.	do.	Facetten		do.	75	—
103	do.	rosa	do.			do.	30	—
104	do.	do.	do.	Facetten		do.	75	—
105	do.	einfarbig	flach		schnupfende Bauern		32	—
106	do.	verschnürt	do.		do.		38	—
107	do.	weiss	rund u. flach			für Kinder	5	—
108	do.	verschieden	do.			do.	6	—
109	do.	do.	do.	ordinär		do.	22	—
110	do.	do.	do.			für Kinder verschnürt	11	—
111	do.	do.	do.	Facetten		für Kinder	40	—
112	do.	rosa	do.	do.		do.	45	—
113	do.	färbige	glatt			mit Abziehbilder	40	—
114	do.	do.	do.			mit Edelweiss	32	—
115	do.	do.	do.			m. Sprüche	30	—

Glas-Fabrik Spiegelau, bayer. Wald.

Grosse sogenannte
Gesellschafts-Tabakgläser

circa 15 cm Durchmesser.

Nro.	Farbe	Form		ℳ	₰
1	weiss	flach	glatt ordinär	25	—
2	do.	do.	mit ordinärem Schliff	90	—
3	einfärbig	do.	glatt ordinär	35	—
4	do.	do.	mit ordinärem Schliff	120	—
5	verschieden	do.	verschnürlt	65	—

☞ Gesellschafts-Tabakgläser verfertige ich ausser diesen bis zu 40 cm Durchmesser.

Preise per 100 Stück

Netto

franco Bahnstation: Spiegelau.

Ziel 3 Monate

per comptant 3% Sconto.

Diese Preis-Liste annulliert alle vorhergehenden.

203

Literatur- und Quellenverzeichnis

Literaturhinweise über Schnupftabakgläser:

1) Josef Blau; „Böhmerwälder Hausindustrie und Volkskunst", Teil II, Prag 1918
2) Josef Blau; „Glasmacher im Böhmer- und Bayerwald", Regensburg 1954
3) Paul Friedl; „Glasmachergeschichten und Glashüttensagen", Grafenau, 1973
4) Reinhard Haller; „Berg- und hüttenmännisches Leben in der Hofmark Bodenmais", Dissertation 1970 (Quellen u. a. aus dem Bergamtsarchiv Bodenmais, Verlassenschaftsinventare)
5) Reinhard Haller; „Tabakschnupfen und Schnupftabakgläser der Bodenmaiser Knappen", Zeitschrift „Der Bayerwald" 3/1971
6) Reinhard Haller; „Der Kraxentrager Joseph Ertl", aus „Der Bayerwald" 4/1975 (Quelle aus Akt 621 im Bergamtsarchiv Bodenmais, Verlassenschaftsinventare)
7) Reinhard Haller; „Historische Glashütten in den Bodenmaiser Wäldern", Grafenau 1975
8) Reinhard Haller; „Spielleute, Tanzen und andere Üppigkeiten", aus „Der Bayerwald" 2/1976 (Berichte aus Verhörsprotokollen des Landgerichts Bärnstein)
9) Alfons Hannes; „Glas aus dem Bayerischen Wald", Grafenau 1975
10) Friedrich Holl; „Schnupfer, Schmai und Schmalzlerglas", Zwiesel 1969
11) Holl und Steckbauer; „Glas in der Geschichte und in unserer Bayerischen Heimat", Zwiesel 1976
12) Franz Carl Lipp; „Bemalte Gläser", München 1974
13) Clementine Schack; „Die Glaskunst", München 1976

Quellenhinweise:

14) Katalog; „Waldmuseum Zwiesel", Zwiesel 1968
15) Katalog; „Zweite niederbayerische Industrieausstellung", Landshut 1852
16) Katalog; „Preis-Liste der Hohl-Glas-Fabrik Spiegelau. Tabak- oder Schmalzlergläser", 1900
17) Rechnungen der Glashütte von Kurfürst Ferdinand Maria in München am Lehel. Hofamtsregistratur II, Rechnungsarchiv, fasz. 189 dazu:
17a) Rudolf Berliner im „Münchner Jahrbuch der bildenden Kunst", Neue Folge, Bd. I, 1924
18) Prozeßakte Hellmeier, Bodenmaiser Amtsakte Nr. 6936, (im Besitz Josef Schmidt, Zwiesel)
19) Lohnbuch des Glasmachers J. Gaschler in der Spiegelhütte 1900–1905 (im Besitz des Autors)
20) Geschäftsbücher der Glasmalerwerkstatt Ulbrich 1893–1910 (im Besitz Adolf Ulbrich, Zwiesel)

Allgemeine Glasliteratur:

21) Landkreisbuch „Grafenau", Grafenau 1972 (darin: J. Schmidt, „Geschichte der Glashütten")
22) Wilhelm Hieke; „Glasschliff und Glasgravur", Bamberg 1969
23) Katalog „Edles altes Glas", Sammlung Heine im Badischen Landesmuseum, Karlsruhe 1971
24) Katalog „Europäisches und Außereuropäisches Glas", Museum für Kunsthandwerk, Ffm 1973
25) Katalog „Glassammlung Helfried Krug" im Museum Folkwang in Essen, München 1965
26) Waltraud Neuwirth; „Das Glas des Jugendstils", Materlien zur Kunst des 19. Jahrhunderts, München 1973
27) G. E. Pazaurek; „Gläser der Empire- und Biedermeierzeit", Leipzig 1923 und Braunschweig 1976
28) G. E. Pazaurek; „Kunstgläser der Gegenwart", Berlin 1925
29) Robert Schmidt; „Das Glas", Berlin 1912
30) J. R. Vavra; „Das Glas und die Jahrtausende", Prag 1954

Sonstige verwendete Literatur:

31) Kurt Schöning; „Schnupftabak Brevier", München 1975
32) C. F. Marschall; „Anweisung zur Verfertigung verschiedener Arten . . . Rauch- und Schnupftabak . . .", Leipzig 1799

Die halbfetten Ziffern weisen auf
Seiten im Bildteil hin!